現代作家アーカイヴ 3

自身の創作活動を語る

阿部公彦　飯田橋文学会［編］

島田雅彦

林 京子

黒井千次

東京大学出版会

Archives of Contemporary Japanese Writers 3:
Literary Careers in Their Own Words
Masahiko SHIMADA, Kyoko HAYASHI and Senji KUROI
Masahiko ABE and Iidabashi Literary Club, editors
University of Tokyo Press, 2018
ISBN 978-4-13-083074-4

はじめに

本書は、〈現代作家アーカイヴ〉シリーズの第3巻です。本シリーズの一冊を手に取るのははじめてという方もおられるかと思いますので、簡単に企画の背景を説明します。

もともとこのインタヴュー企画は、飯田橋文学会というところで立てられました。飯田橋文学会と聞いても「ん？」とお思いの方がほとんどでしょうが、これは飯田橋の某所で定期的に開かれている集まりの名称です。参加しているのは作家や詩人、翻訳家、研究者など。まあ、文学サロンのようなものなのですが、この会をどう呼ぶか決めようとしたとき、あまりにたくさんの案が出て紛糾してしまいました。さすが文学サロン（！）ですね。そこである女性作家が「飯田橋でやってんだし、飯田橋文学会でいいっぺよ〜♪」と口走ったのです。これであっさり名前が決まりました。ですから、深遠な意味はゼロです。

しかし、言葉というのは恐ろしいもの。はじめは深遠さゼロでも、次第に意味深長になり、襞を持ち、象徴性をおびてくる。飯田橋文学会という名称にも、やがてあやしい陰影が伴うようになり、ときには「飯田橋文学団」とか「飯田橋文学隊」などと誤って呼ばれたりしつつ、独特なニュアンスを持つようになりました。

無から有が生まれるとはまさにこのことです。文学サロンの方も、ただただ雑談をするだけの会だったはずが、さまざまな濃厚な人間関係を生み出していきました（すべてを詳述できないのが残念ですが……）。そんな中でも、もっとも重要で記念すべきものの一つがこの〈現代作家アーカイヴ〉という企画なのです。

これは、「あのさあ、現代作家のナマの声をちゃんと記録にして残すのって、よくねえっぺ?」という平野啓一郎さんの発言がきっかけで始まったものです。アイデアそのものはきわめてシンプルです。活躍中の作家の方に、御自身の代表作三つを選んでもらって、インタヴュー形式でこれまでのキャリアをふりかえっていただく。対談や鼎談だとどうしてもよもやま話になりがちなので、なるべくインタヴューする人は話を聞くことに徹し、作家による自身の著作や執筆行為についての考えをうかがう。その様子を音声だけでなく映像にも残してアーカイヴ化し、書籍としても刊行する。まあ、ざっとこんなところです。

しかし、これだけのことをするのに、どれだけの時間とエネルギーと人材が必要か。たとえば九十分のインタヴューを行うだけでも、音声や画像の収録を担当する方々は四時間以上も前から現地入りして音響機器とカメラの調整、客席や舞台の設営などを行います。専門的な作業はサウンズグッドカンパニー（飯田橋文学会傘下）の方々が担って下さいますが、東京大学総合図書館やＵＴＣＰ（東京大学総合文化研究科附属 共生のための哲学研究センター）のスタッフ、多数の学生アルバイトの方々にもお世話になります。こうした協力者をたばねるのに中心的な役割を果たしてきたのは、平野さんと長年のお付き合いのある東京大学総合文化研究科の武田将明准教授です。日程の設定、場所の予約、インタヴュアーへの依頼、受付担当への指示、参加者のリストアップ（&まめな更新）、準備のための読書会の出欠確認、懇親会場の出欠確認&予約&料金の設定まで、よく一人でここまでできると思うほどの仕事を毎回こなしておられる。頭がさがります。

もちろんこの企画は発案者の平野啓一郎さんなしには語れません。平野さんは企画を提案したというだけでもたいへん立派なのですが、ほんとうにすごいのはそれを実現させてしまったことです。この企画は理念も大事だけれども、お金もかかるし、さまざまな専門的な知識や、組織との調整、そしてもちろん作家の方々との信頼関係が必要になります。

お世辞ではなく、平野さんには人をまとめ、信頼を得て、理念に沿った計画を実行にうつす力があります。これは小説家に対するというよりは、野球チームの監督への褒め言葉のように聞こえるかもしれませんが、まさにそうなのです。障害が生じても決してへこたれず淡々と受け流し、面倒くさい状況が生まれても平気の平佐と涼しい顔。激情にかられることなく次の一手を考える。平野さんなら、きっとオリックスでもDeNAでも日本一にすることができるのではないかと思います。

この第3巻におさめたのは、島田雅彦、林京子、黒井千次という三人の作家の方々へのインタヴューです。インタヴュアーとなったのは、順に東京大学准教授の阿部賢一さん、詩人の関口涼子さんと平野啓一郎さん、そして私の四人です。内容は本文と各インタヴュアーによる「インタヴューを終えて」をご参照いただければと思いますが、御自身の作品を振り返る視線に、三人の作風の違いにも通ずる呼吸の違いのようなものが自ずとあらわれていてとても興味深いです。

本企画は東京大学付属図書館、UTCP（上廣共生哲学寄付研究部門）、そして飯田橋文学会によって運営されています。それぞれの団体で協力してくださっている方々に感謝するとともに、毎回運営の手伝いをしてくださっているヴォランティアの学生の方々、そして今回の書籍化にあたって多大のご尽力をいただいた東京大学出版会のみなさまと、とくに編集担当の小暮明さんにあらためて御礼を申し上げたいと思います。

二〇一八年一月

阿部公彦

（追記）〈現代作家アーカイヴ〉に関心を持たれた方は、ぜひ飯田橋文学会のホームページ（http://iibungaku.com）をご覧ください。過去のインタヴューの動画の一部を無料で閲覧できます。今後のインタヴューについては、飯田橋文学会のツイッターをフォローすれば、早めに情報を得ることができます。なお、インタヴューと関連して、学生を主体とした読書会を定期的に開催しています。興味のある方は、右記のホームページの問い合わせ（Contact）ページからご連絡ください。

目次

i　はじめに（阿部公彦）

「彼の話＝ヒズ・ストーリー」を丹念に掬い上げていく
『彼岸先生』（1992）
『退廃姉妹』（2005）
『徒然王子』（第一部2008、第二部2009）
［聞き手］阿部賢一

001　島田雅彦
東京外語大学でロシア語を学ぶ／冷戦時代にロシア文学を研究したことの役得？／

『彼岸先生』——心も身体の現象にすぎないという考え方／日記よりも懺悔録を書く？／『退廃姉妹』——戦後の暗部を爽やかに回想する／歴史を再現する資格／「身体とお金」というテーマ／『徒然王子』——幼少期の縄文遺跡の記憶／日本人のＤＮＡの多様性／記憶と人工知能／「郊外文学」の可能性／三島由紀夫の多面性／前世から次世へのつなぎの苦労／「ヒストリー」から「彼の話＝ヒズ・ストーリー」へ

質疑応答1 アイデアを出し続ける秘訣とは？／**質疑応答2** 作品を書くなかで一番嬉しいとき／**質疑応答3** 旧ソ連時代の地下出版のゆくえ／**質疑応答4** 悲惨な出来事は体験がなければ書けないか／**質疑応答5** 学生生活と執筆活動

059 **関連年譜／著作目録**（編集部）

068 **インタビューを終えて** 多様な生を描く（阿部賢一）

「生き残った罪」を考えながら、それがあるから書いてきた

「祭りの場」（1975）
「長い時間をかけた人間の経験」（2000）
「トリニティからトリニティへ」（2000）

［聞き手］関口涼子　平野啓一郎

073

林　京子

「生き残った罪」——オバマ大統領の広島訪問に思う／「祭りの場」——広島の苦しみを私は話せない／朝に約束したのに会えないという不思議さ／八月九日の死は人間の死ではない／「長い時間をかけた人間の経験」を書き続ける／一人一人で異なる被爆体験／日本は「手を伸ばせばぶつかる国」／龍之介や安吾／人間の普遍の問題を書く／三十年を経てなお記憶は鮮烈に／八月九日を書くのに余分な装飾は要らない／「トリニティからトリニティへ」——原爆に対するアメリカ人の意識／トリニティの荒野は神様のみせしめ

質疑応答1　得ることだけを考える日本人を憂う　121
関連年譜／著作目録（編集部）　127
インタビューを終えて　普遍的な言葉を求める個の身体（関口涼子）

自分が放った言葉によって、
逆に与えられるものがある

『時間』（1969）
『群棲』（1984）
『一日　夢の柵』（2006）

［聞き手］阿部公彦

黒井千次　133

真面目に選んだ三作品／「小説が大事だ」と思い始めた十代半ば／
観念としての労働者？／生身の人間を書きたくなる／
『時間』――「人間が働くとは、いったいどういうことだ」／

会社のなかで生きる人間の生身の姿／『群棲』――空間は時間に対して革命性を持つ／
「連作空間」の発見／「書くことの意味」を発見した中学時代／
『一日　夢の柵』――年齢を重ねて変わってきたもの／「私」を使わない理由／
「夢の柵」の朗読／『春の道標』――「書きながら死ぬ小説」がライフワーク／
父親を書くことの難しさ／芥川賞の選考委員
質疑応答1　異次元の登場／質疑応答2　学生運動の体験／
質疑応答3　政治と文学の関係／質疑応答4　言葉があるから初めてわかる／
質疑応答5　家というテーマ

関連年譜／著作目録（編集部）　190

インタビューを終えて　空間の革命性とは？（阿部公彦）　198

編者紹介　203

「彼の話＝ヒズ・ストーリー」を丹念に掬い上げていく

島田雅彦

✷

『彼岸先生』
（1992）

『退廃姉妹』
（2005）

『徒然王子』
（第一部2008、第二部2009）

［聞き手］
阿部賢一

島田雅彦 ✷

Shimada Masahiko

一九六一年、東京生まれ。東京外国語大学ロシア語学科卒。在学中の八三年「優しいサヨクのための嬉遊曲」を発表し注目される。八四年『夢遊王国のための音楽』で野間文芸賞新人賞、九二年『彼岸先生』で泉鏡花文学賞、二〇〇六年『退廃姉妹』で伊藤整文学賞、〇八年『カオスの娘』で芸術選奨文部科学大臣賞、一六年『虚人の星』で毎日出版文化賞を受賞。小説に『天国が降ってくる』『忘れられた帝国』、〈無限カノン三部作〉(『彗星の住人』『美しい魂』『エトロフの恋』)、『悪貨』『ニッチを探して』『カタストロフ・マニア』など。

東京外語大学でロシア語を学ぶ

島田雅彦

阿部　今回の〈現代作家アーカイヴ〉では島田雅彦さんをお迎えしています。今日もとても緊張していまして、なぜかと言いますと、私は東京外国語大学の出身で島田さんは大学の先輩にあたります。島田さんはロシア語、私はチェコ語を専攻しました。そして実は同じサークルの先輩でもあって、「セルグ」という『優しいサヨクのための嬉遊曲』に出てくるあのサークルに私も所属していました。そのような個人的なつながりもあって、とても緊張しつつ、こういう形でお話しできるのは大変嬉しく思います。

島田　北区の西ヶ原キャンパス[*1]はご存じですか。

阿部　はい、もちろんです。サークルは島田さんが初代リーダーで、西ヶ原キャンパスのなかに古びたサークルの部屋がありまして、そこで島田さんたちが作ったガリ版刷りのビラを、われわれ後輩は崇めるようにして見ていたという記憶があります。けっこうきれいな色の印刷でしたね。

島田さんは大学時代にデビューされました。そのことは非常にセンセーショナルな出来

＊1　西ヶ原キャンパス　東京外国語大学は二〇〇〇年に東京都府中市に移転するまで、北区の西ヶ原にキャンパスがあった。

事だったと思うのですが、少し文学から離れて当時を振り返りますと、島田さんの大学時代はどのような雰囲気だったのでしょうか。

島田　東京外語大学というところは特殊単科大学で、基本的に専攻の外国語ができなければ上に進級できないし、「何のためにいるの？」と思われる。世間一般でも、そこを卒業した人は外国語によるコミュニケーションが得意と見なされる。実のところ、一般の大学の学生と能力的にはあまり変わらないんだけれども、過剰に期待されてしまうところがあって、そのプレッシャーは確かにありましたね。

私の場合はロシア語なのですが、これはもう文法がとても複雑な言語で、最初の段階で何カ所かつまずくポイントがあるんです。第二外国語でロシア語を履修した人は、大抵そこでつまずいて挫折するという不文律のようなものがあって、あの浅田彰[*2]さえ挫折したというんですよ。だから、そこだけは彼に勝ったかなと思ったりしましたが、しょうがないですね、彼は第二外国語でこちらは第一外国語ですから（笑）。

『優しいサヨクのための嬉遊曲』
（福武書店、一九八三年／新潮文庫、二〇〇一年）

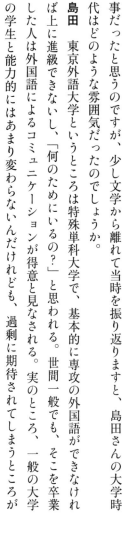

それで大学時代がどうだったかと言いますと、まだ冷戦末期でしたので、古いレジームで世界が動いていた感はありました。ソビエト連邦はブレジネフ時代[*3]で、一九八二年、私が大学三年生のときに政権交代があってアンドロポフ[*4]が出てきた。それでだいぶ変わっていくかなという予感はありましたけれども、いかんせん一九七九年に起こったアフガン侵攻[*5]という一大事が何か不吉なとげのような感じで、大学在学中はずっとついて回っていたんです。

外国語使いの需要というのは、時の外交関係や経済状態などによってけっこう左右されるものです。実際、中国が改革・開放に入ってからは、しばらくは中国語のニーズがすごく大きくなりました。ロシア語に関しては、私の在学時期はやや早すぎた感じでした。少

＊2 **浅田彰**　一九五七年―。思想史、現代思想を専門とする批評家。著書に『構造と力』、『逃走論』など。島田雅彦との共著に『天使が通る』。

＊3 **ブレジネフ**　レオニード・イリイチ・ブレジネフ。一九〇七年-八二年。ソビエト連邦の第五代最高指導者（任期六四年-八二年）。

＊4 **アンドロポフ**　ユーリ・アンドロポフ。一九一四-八四年。ソビエト連邦の第六代最高指導者（任期八二-八四年）。

＊5 **アフガン侵攻**　一九七九年、ソ連のブレジネフ政権が、親ソ政権を支援するためにアフガニスタンに侵攻。イスラム原理主義のゲリラ組織が抵抗し、ソ連軍の駐留は十年に及んで泥沼化.

し待っていればゴルバチョフ[*6]が登場するし、その後は連邦が崩壊するのでニーズが出てきたのでしょうが、その前に卒業してしまいましたのでね。ただ、在学中は「君たちは遅すぎた」と言われていました。

阿部　末期とはいえまだ冷戦下にある一九八〇年代に、ロシア語やロシア文学を学ぶことは特殊な状況でもあったと思うのですが。

島田　ええ、かなり特殊だったと思います。

阿部　たしか卒論はザミャーチン[*7]でしたか。

島田　そうですね。ほとんど知られていない作家ですが、岩波文庫に『われら』が入りました。

冷戦時代にロシア文学を研究したことの役得？

島田　先日、ロシア文学について亀山郁夫[*8]さんと話をしたのですが、そのときに「冷戦時代にロシア文学、ソビエト文学を研究していたことの役得は何か」という話題になったんです。一つあるとすれば、こういうことではないか、と。当時のロシアの作家たちは、長きにわたる言論統制と検閲によってアンダーグラウンドに潜った状態にあったが、それでもなお作品を書き続けて、文学にとっての冬の時代をサバイバルしてきた、あるいはサバイバル・テクニックを身につけてきた。そういう作家たちの作品もさることながら、その生き延び方そのものをやや離れたところから学んだというのが、自分たちにとってすごく大きな役得なのではないか。いまでは、そう思うという話をしたんです。

阿部　作家の生き方も含めた、文学のあり方を見ることができたというわけですね。

島田　もちろん作家もいろいろな人がいますから、なかには自分の作品が思うように発表されなくなったので、悲劇の主人公となって嘆き悲しむ人もいました。けれども、そんなことをやっていても結局は出版できないのだからというので、彼らは密かに書き続けたわけです。当時はコピー機なんてものはありませんから、タイプライターにカーボン紙を挟んで、全文を打つんですね。原本の他に二部を作るわけです。自分の手元に原本を置いておき、あと二部を最も自分が信頼する友人に渡す。それで、一作品につき二部ずつしか流通させない。でも、そんな迂遠なやり方にもかかわらず、人気作は地下で何万部も流通し

＊6　**ゴルバチョフ**　ミハイル・ゴルバチョフ。一九三一年-。ソビエト連邦の第八代最高指導者（任期八五-九一年）、ソビエト連邦初代大統領（任期九〇-九一年）。政治経済の再構築を目指してペレストロイカ（改革）とグラスノスチ（情報公開）を実践、また新思考外交に基づき東欧の民主化を支持して冷戦を終結させた。しかし、ソ連国内の政治勢力が分裂するなかで「八月クーデター」を招き、結果としてソ連の崩壊を導くことになった。

＊7　**ザミャーチン**　エヴゲーニイ・イワーノヴィチ・ザミャーチン。一八八四-一九三七年。ロシアの作家。代表作『われら』は、ペレストロイカ以降に再評価される。岩波文庫では一九九二年に発刊。

＊8　**亀山郁夫**　一九四九年-。ロシア文学者。著書に『破滅のマヤコフスキー』、『謎とき「悪霊」』など。ドストエフスキー『カラマーゾフの兄弟』などの翻訳でも知られる。

たというのです。

阿部　いまのように本が自由に手に入る時代とは違って、言葉や物語に対する渇望感や信頼を人々は圧倒的な強さで持っていたということですね。

島田　妙な解釈や誤解が入ると即逮捕されたり、精神病院に送られたりという危機感のなかでの創作なのでね。そうしたソビエト時代の最も抑圧が厳しかった時代、いわゆる情報伝達の方法には、ものすごくエントロピーが少ない空間があったのだと思います。普通、伝言ゲームは出発点から到着点までにメッセージは全く違うものに変わってしまう、とわれわれは思っています。でも、あの時期のソビエトでは、出発点から到着点までメッセージがものすごく正確な形で伝わる、そういうコミュニケーション空間があったということですね。

『彼岸先生』――心も身体の現象にすぎないという考え方

阿部　今回、島田さんにご自身の作品のなかから三作を選んでいただきました。『彼岸先生』、『退廃姉妹』、『徒然王子』です。これから一作品ずつお話を聞いていきたいと思います。

まずは『彼岸先生』ですが、もうすでにタイトルからして夏目漱石の『彼岸過迄』、あるいは構造的には『こころ』といった作品へのある種のオマージュであり、それを新たに書き直していくというものだと思います。

『こころ』では、明治天皇の崩御と乃木希典大将[*9]の殉死に触れている部分もあって、明治という時代の終わりを象徴する物語として捉えられることもあります。一方、『彼岸先生』は一九九〇年から九一年にかけて執筆されていて、八九年にはベルリンの壁崩壊[*10]に象徴されるように冷戦構造が崩壊するという歴史的な出来事があり、そういう一つの時代の終わりを感じながら執筆なさったという部分はあるのでしょうか。作品のなかでは「滅多に代わらないはずの天皇が代わり」といった表現も出てきて、大きな時代の転換を感じさせるものがあります。

島田　実際、執筆をしていた二年間に、世界が劇的に変わりました。八九年はベルリンの壁崩壊もありますが、日本では昭和の終わりの年でもあり、その後の九一年一二月二五日には、ゴルバチョフ大統領の辞任に伴いソビエト連邦が解体されました。それまでの古いレジームが全部瓦解するという時代で、漱石の『こころ』が明治の終わりに対応しているのならば、『彼岸先生』では昭和の終わりに対応させた何かを書こうという意識は多少ありました。

＊9　乃木希典　一八四九 - 一九一二年。陸軍大将。明治天皇の後を慕って自刃した。

＊10　ベルリンの壁崩壊　一九八九年、ベルリンの壁の国境検問所が開放され、東西ベルリンの分断の歴史が終結。その後に東西ドイツが統一されて、東欧革命を象徴する事件となった。

ポルノなんだか、SFなんだか、政治小説なのか、ミステリーなのかわからない不思議な恋愛小説を書いている小説家の先生は川の向う岸に住んでいる。だから……彼岸先生。東京、ニューヨークで女性遍歴を重ねたドン・ファンで、プロの嘘つきである先生を、ぼくは人生の師と見立てたのだった。ロシア語を学ぶ十九歳のぼくと三十七歳の先生の奇妙な師弟関係を描いた平成版「こころ」。泉鏡花文学賞受賞作。（本書紹介より）

『彼岸先生』
（福武書店、一九九二年／新潮文庫、九五年）

ただ、『こころ』というのは、漱石の作品のなかでは、私は一番つまらないと思っているんです。この先生というのは誠実そうに見えるだけじゃないか、と（笑）。ある機会に姜尚中[*11]さんと話したときに、彼も独自の『こころ』論を書いていらして、いわゆる「アティチュード・バリュー（態度価値）」ということを仰っていました。要するに、『こころ』の先生は、友人Kが自殺してしまった後、罪悪感を引きずって、そのことに縛られて何もできない状態にあるわけです。能動的に何かを起こそうとする、つまり仕事をする、書き物をする、思索を積み上げる、そういう何らかのクリエイティヴなことをしようにも、それを止められているような状態になっている。そういう手かせ足かせをはめられているような状態のときには、人はただ誠実に努めるしかないということです。

阿部　『こころ』は国語の教科書で取り上げられ、道徳的な読み方が推奨されてきました。

それに対して、島田さんは『彼岸先生』とほぼ同時期に書かれた『漱石を書く』という随筆のなかで、後藤明生さん[*12]の「『こころ』を『からだ』に翻訳する」という名言を引いて、漱石の一般的な読み方について道徳的、理念的なものばかりが先行してしまって、ある種の身体的なリアリティが空っぽになっている面を指摘されています。

そして『彼岸先生』では、文字どおり「身体」と言いますか、極端なまでに性との関わりの部分が書かれています。先生の日記では、ニューヨークに行って、ポーランド系のアグネスという女性と出会って関係を持ち、あるいは知的なゲイのパットという男性との同性愛の関係もあり、本当に放蕩し尽くす形で肉体関係が描かれます。しかし、そのことによって逆に、身体を通してわかり、そして見えてくるものがあるんですね。島田さんは他の作品でも、性についてはつねにいろいろな形で取り上げていますが、身体と心を上下関係で考えた場合、どちらかと言うとまず身体ありきと言いますか、身体に対する信頼が感じられます。

島田　私は、それほど唯物主義ではありません。ただ、日本の作家に限ったことではない

---

*11　**姜尚中**　一九五〇年 - 。政治学者。著書に『マックス・ウェーバーと近代』、『オリエンタリズムの彼方へ』など。著書『心の力』などで漱石の『こころ』に関して触れている。

*12　**後藤明生**　一九三二 - 九九年。小説家。小説に『吉野大夫』、『首塚の上のアドバルーン』など。

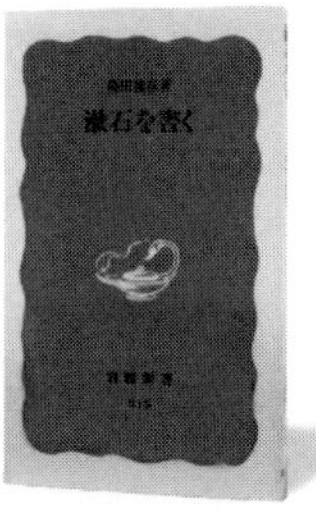

『漱石を書く』
（岩波新書、一九九三年）

けれども、文学者とか哲学者とか、いわゆる人文系の知性というのは、意識とか魂とか大好きなんですね。これは、ほとんどサイエンスでは扱わないジャンルだったんです。最近になってようやく脳科学や情報科学が一般に浸透してきて、心や意識の問題もサイエンスで扱うようになっていますが、本来、科学が取り扱わなかった曖昧な部分、科学がよくわからないとして切り捨ててきた部分です。こういうものにかまけるのが、ある意味、文学とか哲学とか人文系の役得みたいなところがあります。

　日本文学も、そういう心の問題を熱心に扱ってきたと思います。言い方を換えれば、「私」問題というのがあります。文芸批評でも伝統にある「私」の研究。これはもう、ものすごく得意としてきましたね。私もそういう文芸批評は一通りたどってきました。一応、普通の文学青年でしたから。

　ところが、あるときから「何のことはない、心とか意識とか魂とか自己とかいったものは、身体の現象にすぎないのではないか」と考えるようになったんです。要するに、頭のなかのニューロンの反応であったり、やり取りされている信号の交換であったり、あるいはその信号の発信元からの微弱な磁気であったりとか。脳機能マッピングという研究があるじゃないですか。例えば、食欲は脳の部位のどこを使って出るか、あるいは善意というものを支配する領野が脳のどこかにあって、そこを刺激してやれば善人になるのではないかと、そういう研究がありますね。

そう考えていくと、人間の心的な現象なんて全部、身体という物質のやり取りにすぎないのではないか、と。「身体とは別に魂がある」という考え方をやめて、結局は魂も身体の現象であって、コンピュータに例えれば、情報をＩＣ（集積回路）に溜めて動かしているのと同じように、人間ではそのＩＣが細胞になっていて、あとはＤＮＡとかゲノムの情報が運用されているだけだと考えれば、やっぱり身体しかないじゃないかと思ったわけです。

もちろん、いま言っていることは後づけですよ。『彼岸先生』を書いたときに、そんなふうに考えていたわけではないです。でも、「ああでもない、こうでもない」と頭で考えている状態のなか、もうともかく自分を突き動かしている欲望とか動機とか目的とかいったものが、いろいろな条件が組み合わさって最終的に結果として出てくるのだから、それだったらもう最初から一切ものを考えずに、頭はほったらかして、身体が動くように任せればいいではないか、というようなことは考えたかもしれない。

日記よりも懺悔録を書く？

阿部　『こころ』との関係をさらに見ていきますと、漱石の『こころ』は最後、先生の長い遺書で終わるのに対し、島田さんの『彼岸先生』では、主人公の菊人に先生の日記が渡されます。そのとき先生は精神病院に入っていて、菊人はそれを読むしかないという状況になります。この日記がさまざまな解釈の土台になっているという気がするのですが、先生は「日記は嘘しか書かない」とか、「ここに書かれた私はフィクションである」という形で、その日記の虚構性を強調していくわけですね。

また漱石の『こころ』では、渡されたのが遺書ですから、それは死へ向かっていくものです。それに対して『彼岸先生』の日記は生への躍動感を感じさせ、生きている証というふうに捉えられます。遺書の「死へ向かうベクトル」と日記の「生へと向かうベクトル」は逆を向いていると感じたのですが、そのあたりはどうでしょうか。

島田　例えば、引きこもりの人が日記を書いた場合、非常に単調なものになる、もしくは自分の脳内妄想を百パーセント吐き出していくものになる、どちらかと思うんです。後者では、結局はフィクションになると思うんですね。よくある話で、自分の日常はあまりにも退屈なので、日記に書くために何か事を起こそう的なこともあるかな、と。

阿部　きっかけになっていくんですね。

島田　そうそう。『彼岸先生』のなかの日記は、そういうものじゃないですかね。

阿部　なるほど。フランツ・カフカの日記に「小文学」[*13]を論じた箇所があって、そこでは、国民がみんな日記をつけたほうがいいと言っています。なぜかというと、それは歴史記述とは全然違うけれども、今後、国民文学がいろいろな形で多面的になっていくうえで可能性を秘めたものだというわけです。要するに、公的な道徳や倫理観で固まったものではなくて、私的な告白も含めた、何か新しい生を記録したものが、公のものを揺るがしていく一つのきっかけになると言っています。島田さんの『彼岸先生』の日記を読んでみると、そういうこともつながっているように思いました。

島田　そうですね。いまカフカを引用して言われたことを、自分自身も噛みしめています。「小説」というのは小さい説です。一方、「大説」というのは天下国家を論じるような、大上段に振りかぶって政治を論じたり国を憂いたりするスタンスですね。でも、そこにリアリティはない。大説も基本的にはフィクションにすぎないのです。自分の欲求なのか目標なのかは知らないけれど、そういうものを大きな声と態度で言っているだけです。

それに対して、自分をハッタリで大きく見せることもなく、等身大の自分のちっぽけな

*13　**「小文学」**　フランツ・カフカ（一八八三 - 一九二四年）が一九一一年に日記に記した文章。「小文学の特性のための概要」という見出しが付けられている。

欲望とか、これまでについやってしまった愚行とか、そういったことを包み隠さず告白するという世界が小説ですね。ミクロの世界と言いますか。せせこましい自分をそのまま受け入れるようなスタンスです。

阿部　漱石の作品が国語の教科書に掲載され、ある意味で手本や道徳として読まれてしまうとすると、島田さんの作品では、彼岸先生が反面教師、アンチなものとして読まれることになっているのだと思います。主人公の菊人も、彼岸先生をどう捉えたらいいのかわからない。でも逆に、では自分は何を信じたらいいのかという問いかけになっていて、考える契機になっている。後半で「アンチ・父親」とか、「アンチ」という言葉が繰り返し出てくる章がありますが、それがいま、つながったという感じがしました。

島田　自分史や自伝では、自分が出世したと思っている人は自慢話として書き残したがるじゃないですか。『日経新聞』の「私の履歴書」を見てもわかるように、あれは自己栄光化が徹底的に進められているわけで、あそこでしっかりと懺悔した人はまだいない。

でも、「私の履歴書」が本当に文学作品として一つの大きな価値を持ちうる契機はあるはずなんですね。あそこでものすごく正直になって、女を捨てた話とか、事業で不正をやった話とか遺言のように書き残せば、つまりカトリックでなくても一応全部懺悔して死ねば、その人は少なくとも道義的であるということにはなるのではないか、と(笑)。だから、カフカが日記を書くことを勧めるのであれば、私は懺悔録を書くことを、特に功成り名を遂げた人たちにぜひお勧めしたいと思いますね。

『退廃姉妹』――戦後の暗部を爽やかに回想する

阿部　次の作品は『退廃姉妹』です。これは二〇〇三年から二〇〇五年にかけて『文學界』に連載されまして、ちょうど戦後六十年ということで二〇〇五年に刊行されました。伊藤整文学賞も受賞されています。私はこの表紙がとても好きで、昭和のレトロを感じさせる素敵なものですね。ぱっと読むと、朝ドラになるんじゃないかというぐらいの、島田さんの作品のなかでは珍しく爽やかな作品です。

戦後復興のなかで、女性たちがその日その日を懸命に生きていく。たくましさとしなや

一九四五年、東京。戦争で二人きりになった美人姉妹の有希子と久美子。生きるため、家を守るため彼女たちが選んだのは、家を進駐軍の慰安所にすることだった！「これからは私たちがアメリカ人の心を占領するのです」。破天荒な〝戦後〟を描いてラストまで全力疾走する、著者会心の大型ロマン。伊藤整文学賞受賞。解説・青山真治。（本書紹介より）

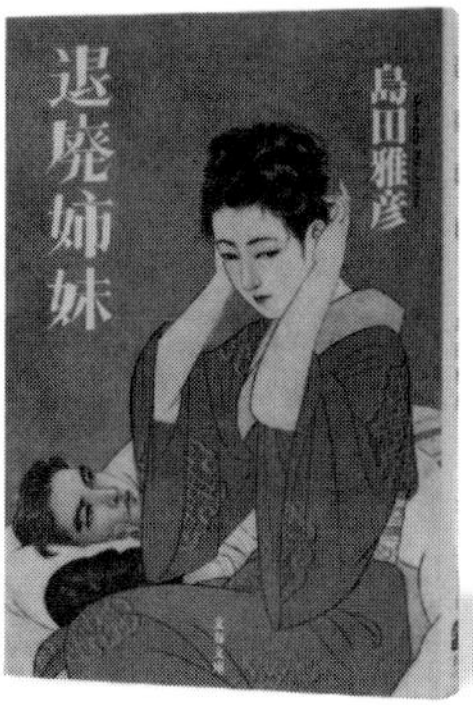

『退廃姉妹』
（文藝春秋、二〇〇五年／文春文庫、〇八年）

かさが描かれているわけですけれども、絶対に朝ドラにならない理由は、その女性たちが慰安所で、米軍兵の性的な対応をする仕事に就いているという設定です。ものすごく清々しい姉妹の言動と、日本の戦後史の文脈ではあまり語られない、目を覆いたくなるような闇の部分とのアンバランスさが、じつに島田さんらしいなと思います。それ以前の作品とは、だいぶ違う形で描かれているのが印象的でした。

この慰安所の問題は、戦後間もない頃にはいくつかの作品、例えば田村泰次郎の『肉体の門』[*14]、あるいは松本清張の『ゼロの焦点』[*15]の背景となっていますが、無頼ものと推理ものというジャンルの違いはあっても、女性たちがその過去を隠そうとするという一つの共通したストーリーが根底にあります。特に田村泰次郎の作品では非常に肉感的で暴力的な表現が使われているのに対して、島田さんの『退廃姉妹』はそれとは全然違う、朝ドラ系というか爽やかな路線でこの問題を取り上げています。このテーマへの着想のきっかけは何だったのでしょうか。

島田　非常に上手く、この作品の位置づけをしてくださいましたけれども、まさに日本の戦後史のなかの暗部または恥部と言いますか、そこをとても爽やかに書いてみたかったということです。いや、本当に朝ドラにしてほしかった。

阿部　やっぱりそうだったんですか？

島田　そうなんです。朝ドラになるように、精一杯けなげに美しく書いたつもりだったんですけど、やっぱりこの素材は隠しようがなかったですね。素材の不吉さと言うのでしょうか、それはなかなか乗り越えられなかったということです。

たしかに占領時代の記憶というのは、これは意図的に、みな恥として忘れようという部分が多いのかなと思うんですね。ただ、戦後文学では、実際に従軍経験のある方々が戦地から帰ってきて、その戦争体験を内面化して、自分なりの戦争責任の取り方の方向性が見えないと書けなかったという事情があったかと思います。

では終戦の直後、文学作品として真っ先に出たのはどういうものかというと、太宰治、坂口安吾[*16]、織田作之助[*17]など、焼け跡のやけっぱちな状況のなかで生きていかざるをえない人たちの日常の報告から始まったと思うんですよ。実際、太宰も安吾も焼け跡で闇市のなかをさまよいながら、劇的に変わってしまった世相をやや斜めから見るというね。そういうことで無頼派と一括りされたりするけど、みなそれぞれ人気作家になっていったという経緯があります。

戦後は「エロ、グロ、ナンセンス」というようなキーワードで表されるように、それま

---

*14 『肉体の門』 田村泰次郎(一九一一‐八三年)が四七年に発表した小説。
*15 『ゼロの焦点』 松本清張(一九〇九‐九二年)が五九年に出版した小説。
*16 坂口安吾 一九〇六‐五五年。小説家。小説に『堕落論』、『白痴』など。
*17 織田作之助 一九一三‐四七年。小説家。小説に『夫婦善哉』、『土曜夫人』など。

での権威やシステムが全面的に崩壊するので、もう何でもありの状態になるわけですね。それらが完全に意味を失ってしまったとき、人は本能に忠実になるという法則がどうもあるようで、ソビエト連邦崩壊のときも文化状況としては、やっぱり「エロ、グロ、ナンセンス」が噴出しました。日本の戦後もまさにそうでしたからね。私自身が終戦直後を生きたわけではないけれども、そういう何でもありという状況になったときに、人は生存本能で子孫を残そうとするのか、ちょっと性的な方に突っ走るということがあったと思うんです。

それで、少し時間がたって落ち着いてきた頃になると、恥になるようなことを隠蔽していかなければならない。『退廃姉妹』が出たときには、いわゆる高度成長もすでに終わっていて、半面で日本人のプライドみたいなものが出てきて、妙に内向きになりつつあるような時代に入っていたと思うんです。けれども、そうした過去の暗部、恥部というのを一度爽やかに回想して、それを乗り越えていったらいいのではないかと思ったのです。でも、なかなか世論は乗ってくれませんでしたね。

阿部　島田さんなりのユーモア、ときにブラックなものが、島田文学の一つの大きな特徴だと思うのですが、日本の文学の読み方というのはどうも道徳的、倫理的な部分が非常に強くあって、そのなかで笑う余裕がない人たちが多くなってしまったということなのでしょうか。その点については、一九八〇年代と二〇〇〇年代の状況で、執筆をめぐる環境がだいぶ変わったという感覚はありますか。

島田　特に自分が書きにくくなったとか、そういうことはないです。仮に自分がかつてより不遇だとしても、それはどうしてもソビエト時代と比較してしまうので、まだ自分にはくずになる自由さえあると思いますね。

歴史を再現する資格

阿部　『退廃姉妹』が朝ドラ的と言いましたが、姉妹の生き様が爽やかな印象を与えるだけでなく、文体もとても安定していると思います。それまでの多くの作品は、作中の語り手がたくさんいて、けっこう複雑であり、われわれ読者もどの語りを信頼していいのかがはっきりわからない。逆にそれが作品の特徴だったと思うのですが、この『退廃姉妹』に限って言うと、先ほど爽やかに書くことを意識されたとご自身で仰っていましたが、語りがだいぶ違うと思いました。

島田　何が変わったと思われましたか？

阿部　簡単に言うと、他の作品では語り手に対する突っ込みがあるのですが、この作品ではそれがなくなったかな、と。

島田　ああ、「セルフ突っ込み」ということですか？　自分でぼけて、自分で突っ込むというところが、いままでの作品よりも少ないのではないかと、なるほど。

一応、私はこれをエンターテイメントとして書いているんです。そうは受け止められないかもしれないけれど。エンターテイメントならば、やっぱり安定的な語り手がいて、非常によくキャラが立った人物たちを登場させて、そのキャラ同士の対話や関係のなかで、突っ込みとぼけを展開していけばいいのかなと思いました。

そのことと関連するのですが、この一本の長編小説で一つの歴史を再現したいという思いが強烈にありましたから、いろいろ資料を漁ってかなり仕込みをしたわけですよ。当時の写真を相当数集めて、そのなかから自分なりの想像力を立ち上げていく。加えて、これを書いた当時は、まだ戦後の焼け跡のことを鮮烈に記憶している方もたくさんご存命で、そういう方々が読んで「ちょっと違う」とか言われたくないから、そこはけっこう頑張ったというのがある。

そして、その資格が、私にはぎりぎりあると思った。なぜならば、実際に戦争に行ったとか、あるいは終戦を迎えたときに子どもだったというのが両親のジェネレーションですから、そうした人の証言を直接に聞かされています。情報は一次的に入っているわけですね。だから、それを本で読むとか、また聞きするとかよりも、かなりリアリティのある形で自分のなかにインプットされている。だからでしょうか、これを書く資格があると思ったのです。

歴史小説がしっかりと安定した語りのなかで書かれる。そして歴史のある一シーンがそこで再現される。そういうことができるまでには、やはりある程度の時間が必要なのかなと思います。自分を並べるつもりはないけれども、トルストイ[*18]が『戦争と平和』を書いたときも、あれはナポレオン戦争が終わってから六十年ぐらいたっています。トルストイ自身は、ナポレオン戦争を知りませんからね。それもあって、戦後六十年に当てたんですよ。ちょうどいいタイミングだろうと。そこにピンポイントで書いたのが、『退廃姉妹』だったんです。

阿部　資料的にも深く調べて、そのなかでいろいろな見方を時間とともに醸成させて、いまだからこそ書けたという作品だったわけですね。

島田　朝ドラにはなりませんでしたけどね（笑）。

阿部　残念ながら（笑）。

＊18　トルストイ　レフ・トルストイ（一八二八‐一九一〇年）。ロシアの小説家。ナポレオン戦争（一八〇三‐一五年）の後、『戦争と平和』（一八六五‐六九年）は発表された。

「身体とお金」というテーマ

阿部　少し違うポイントとして、『退廃姉妹』のテーマの「体を売ること」についてお聞きします。それは文字通り「身体のこと」であると同時に、「体を売って生きていくこと」、具体的には姉妹が目黒の一軒家を維持するための稼ぎを得るということであって、時折そうした一面が描かれているところに、島田さんの経済活動への関心を強く感じました。

最近では『悪貨』で偽札をめぐる事件が描かれていますが、そのほかにも『フランシスコ・X』では布教と交易との関係が描かれています。『優しいサヨクのための嬉遊曲』のなかでも、サークルの活動資金を得るためにバッジを売るという場面が出てきます。さらに、メンバーの一人である無理という名の男子学生がホストクラブで働き始め、彼が体を売る場面が描かれるという形で、「身体の問題」と「経済あるいは資本という問題」が連動しているようにも思います。島田さんは、経済への関心を以前からお持ちだったのでしょうか。

島田　経済といっても、いわゆる消費者の行動を分析するようなミクロ経済学の領域は、せせこましいというか下世話な話ですよね。それは基本的には購買者たちの欲望の研究ですから。そういう意味では、経済学と文学の接点はしっかりあると思うんです。けれども、いま、経済あるいは経済学というと金融のことが主な関心で、要するに貨幣資本主義の領域のことですね。それは詰まるところ、いかに合理的に利ざやを稼ぐかという問題になってしまい、最も効率がよいのは何かといったら、人工知能に投資をやらせて一秒間に何千回と取り引きさせてというような話でしょう？　単純に数学の問題ですね。そうしたことに興味はないです。

私が興味をもつ経済というのは、基本的には人が関与して、大きな投資ができるお金など持っていない人々、あるいは売るものは自分の労働力とか身体とか、そのぐらいしかない人々にとっての部分になります。

阿部　人々が生きていくなかに見え隠れする、ミクロレベルの経済ということですね。たしかに経済というと、マクロ的なものを想起しがちですが、「身体とお金」というテーマで捉えると、島田さんの系譜が一つ見えるような感じがします。

島田　ええ。でも、その見方というのは、かつて漱石を読む際に批評家が指摘したことで、

『悪貨』
（講談社、二〇一〇年／講談社文庫、一三年／Masatti、Kindle版、一四年）

『フランシスコ・X』
（講談社、二〇〇二年／講談社文庫、〇七年）

漱石の作品もお金が重要な役回りを果たしていますね。例えば、『それから』では主人公の代助が昔好きだった三千代が人妻になっているんだけれども、その三千代が生活に困って再び代助の前に現れて、というような話ですよね。男女の三角関係を書きながら、その人間関係のなかにちょこちょこ金銭のやり取りが入ってくる。

『道草』でも、島田という少し嫌な感じの養父が自分を養育したことの見返りを求めてくるので、「これきりにしよう」と原稿料を手切れ金として渡して、それで親子の縁を切る。そういう形で、お金の貸し借りという軸を通じて人間関係が描かれていますね。

阿部　ただ、身体や欲望といったものが、つねにそういう経済活動と結びついているのは、島田さんの作品を論じるときにはあまり言われていないですね。

島田　別に言われたくもない。でも、夏目漱石の場合はしょうがないですよね、本名、金之助だからね。

阿部　上手いですね（笑）。

島田　遅ればせながらですが、なぜこの三冊を選んだかというと、全部、四文字だからです。自分の作品で四文字タイトルは割と多いけれども、実は最初につけたのが、この『彼岸先生』です。なぜ四文字のタイトルにこだわるかというと、判子を作るときにちょうどいいんですね。「島田雅彦」もそうなんだけど、漢字四文字にすると真四角の大理石とか、そういう落款用の判子にレイアウトするのにぴったりなんですよ。

阿部　こういう形（＝『徒然王子　第一部』の扉）でなっていますけれども、これは本当によい装丁ですね。だいぶ島田さんからの要望も入っているのですか。

島田　ちなみに、私は装丁にはけっこううるさくて（笑）。『徒然王子』の装丁では、会田誠[*19]さんにこの本のために描いてもらったんです。

『徒然王子』——幼少期の縄文遺跡の記憶

阿部　では、次の作品に行きたいと思います。『徒然王子』はまた全然違うタイプの作品になっていて、まず分量的に長い。八十八章の長編小説で、もとは『朝日新聞』に二〇〇八年から二〇〇九年にかけて連載された新聞小説です。

徒然王子という皇宮に住む王子の物語なんですけれども、「生まれてくることしかしていない」「自分は何もしていない」という感覚を持っている人物で、その彼が一念発起して、冒険の旅に出る。王子テツヒトと従者の元お笑い芸人コレミツの弥次喜多道中が繰り広げられます。たいへんスケールの大きな話で、テツヒトは現世と四つの前世を生きるのですが、第一幕は紀元前の中国・秦の始皇帝の時代、第二幕は日本の鎌倉時代、第三幕は戦国

＊19　**会田誠**　一九六五年-。美術家。絵画に『あぜ道』、『切腹女子高生』など。

不眠症の王子・テツヒトは首都の森に引き篭っていた。ある夜、仙人が現れ、「旅に出るか、憂愁の森にとどまるか」と王子に迫る。世界に再び若さを取り戻すため、そして妃を探すため、王子は元お笑い芸人の従者・コレミツと共に宮廷から家でする。二人は、場末の酒場からホープレス・タウン、奥の細道へと向かう。ドロップアウトした人々と出会い、黄昏の国の残酷物語に触れたテツヒトは、仙人ツルと記憶師アレイ君の導きでさらに前世を巡る冒険に出る。（本書紹介より）

『徒然王子』

（『徒然王子　第一部』朝日新聞出版、二〇〇八年、『徒然王子　第二部』朝日新聞出版、〇九年／『徒然王子　合本版』Masatti、Kindle版、一五年）

末期、最後は江戸時代にたどり着くという壮大さです。

連載小説はいろいろ書かれていますが、文芸誌に書く小説と、日々コンスタントに書いていく新聞小説では、構想の段階から執筆の最中まで、取り組み方に違いはあるのでしょうか。

島田　そうですね。書く態度ということで言えば、それは媒体によってかなり違います。新聞小説は、これが実質的に二度目だったんですよ。最初は一九九四年に『毎日新聞』で、『忘れられた帝国』という小説を連載したのですが、あれは私が生まれ育った東京郊外の場所を主に書くという構想だったので、比較的フリーハンドで続けることができた。一方、『徒然王子』は一つの構図を持ったエンターテイメントを書こうと思った。当初、これは私の

『ロード・オブ・ザ・リング』[*20]を書くのだと思ったんです。それで構想をしましたのでね。

それで主人公は王子ということにして、現代から過去に遡っていく旅を構想した。それは現世のみならず、前世だったり、あの世だったりという時空を超えた旅にしなければならないと思ったわけです。その輪廻転生の物語の枠のなかで、では生きる時代をどこにしようかな、と。最初に徐福[*21]の話が出てきますけれども、秦の始皇帝の時代に大陸から船でもって日本列島に移住してきた人たちですね。水田稲作の技術とかを携えてきた。この人たちのことを書こうという考えは、以前からあったんですよ。

阿部　徐福に興味があったのですね？

島田　佐賀県や和歌山県には徐福伝説がありますし、かつての首相で羽田孜[*22]という人は、自分はその末裔だと言っていました。実際、羽田さんと飲みながら、徐福について話し合ったこともあるんですよ。

阿部　そうなんですか。

---

*20　**『ロード・オブ・ザ・リング』**　二〇〇一年のアメリカ・ニュージーランド合作の映画。J・R・R・トールキン作の『指輪物語』を原作とする実写で、三部作からなる長大な作品。

*21　**徐福**　中国の人物。始皇帝に東方には不老不死の薬があると具申し、三千人の若い男女と多くの技術者を従えて船出、広い平野と湿地を得て王となり戻らなかった（司馬遷『史記』）。日本各地に伝承が残されている。

*22　**羽田孜**　一九三五 - 二〇一七年。第八十代内閣総理大臣（一九九四年）。

島田　それはそうとして、徐福を通して古代史に関して大胆な仮説も立てられるだろうし、歴史小説のなかで紀元前を扱ったものをそれまで私は知らなかったので、これはチャレンジしがいがあるなと思いました。それで、生かじりではあるけれども、現時点でわかっている考古学的なことをけっこう学んだんですよ。でも、縄文時代末期について勉強することは、昔からやっていたとも言える。なぜならば、私は多摩丘陵の育ちですから、岡本太郎[*23]と同じように、縄文に興味を持って当たり前という土地柄の生まれですのでね。

阿部　なるほど。

島田　小学生の頃は、あのあたり一帯は宅地造成の真っ只中で、多摩丘陵から引き上がっているところに、いくらでも縄文遺跡がありました。そこに潜り込んで一時期、段ボール一箱の縄文土器コレクション持っていましたからね。一昨年だったか、アートフェスティバルに行ったら、木箱のなかに縄文土器の破片をいっぱい入れて、一個三千円で売っている人がいました。私のコレクションは引っ越しで無くしてしまいましたが、あれを持って

『忘れられた帝国』
（毎日新聞社、一九九五年／新潮文庫、九九年）

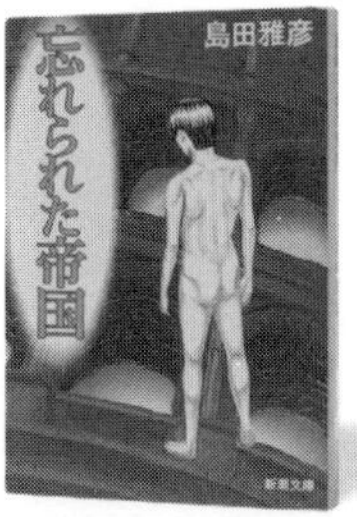

いたらけっこういい財産だったのにと思うんです（笑）。

幼少期にそんなふうに考古学に惹かれて、この多摩丘陵で、遠い先祖はどのような暮らしをしていたのかなと空想によく浸ったものでした。

阿部　『徐然王子』の巻末には「主な参考資料」という形で、びっくりするぐらいの数の文献が記されています。徐福自体も数多くの伝説がある人物ですね。そうした事柄から、いろいろな物語が派生していくのが、この小説の一つの特徴だと思います。

日本人のDNAの多様性

阿部　もう一つの特徴として、主人公はおそらく日本である場所の王子なんですけれども、その主人公が紀元前の中国の人物であったり、あるいは戦国時代末期の日本でキリスト教の布教活動を行ったイエズス会の人物であったりという形で、雑種文化と言いますか、小さい日本にとどまらない、とても広がりのある世界観が感じられました。そして、それらがある因縁めいたものでつながっている。そこでDNAの話も出てくるわけですが、そのあたりは、だいぶ調べられたのでしょうか。

＊23　**岡本太郎**　一九一一-九六年。芸術家。絵画・立体作品しながら、縄文土器論を発表するなど文筆活動も行う。

島田　昔に残された歴史文書などについては、原則として、ほとんどが作り話、フィクションであって、これは信じるに足りないというのが昨今の考古学のスタンスですよね。だから、調べようがない過去については、ゲノムの解読しか方法がないという感じです。逆にゲノムを解読しておけば、過去にどういう交雑が起きたか、どういう地域の人が日本列島に入ってきたか、そういう現在の日本人の形成過程もわかってくると思うんです。

その点では、日本はとてもダイナミックなわけです。日本人は狭くて閉鎖的な島国のなかで育まれたといったイメージとは裏腹に、そのＤＮＡには多様性がある。ちなみに、日本人のゲノムのなかには、ネアンデルタール人のものが割と入っているらしい。「なんだ、ネアンデルタール人ともやってたのか」というようなけっこうな多様性があって、そういった最近の知見を受け取ると、いても立ってもいられない気持ちになるんです。ここはまた、妄想を膨らませるよいきっかけを与えてもらいました。

記憶と人工知能

阿部　この作品のなかでは特殊な人物として、アレイ君という記憶の天才が出てきます。稗田阿礼[*24]からとられた名前だと思うのですが、稗田阿礼は『古事記』を暗唱したと言われていて、このアレイ君もすべてを憶えて忘れない人物として登場します。普通われわれは、いろいろなことを記憶しなければいけないという強迫観念に晒されながら、すぐに忘れてしまう。でも、彼は逆なのです。夢も忘れられない。だから夢と現実の境界線がなくなって、どっちがどっちなのかがわからなくなる。自分の記憶に邪魔されて、まともな生活ができなくなってしまう。このアレイ君から、忘却の大事さというか、忘れることも一つの能力であるということが浮かび上がってきます。記憶と忘却の難しさを考えさせる大きな存在として、アレイ君が登場している感じがしました。

島田　記憶の問題について言えば、まず昔の人間の記憶力のよさということがあります。こういう書籍の形態で情報をプールしておくことができなかった時代、記憶は自分の脳に刻みつけるしかなかった。稗田阿礼もそうですし、かつて活躍した吟遊詩人もそうです。人々はみな、びっくりするぐらいの記憶力なんですね。古代ギリシャの英雄叙事詩のうち、『オデュッセイア』は一万二千行、『イーリアス』は一万五千行ありますけど、それこそ全部が頭に入っていたわけです。

阿部　そうですね、覚えるしかなかった。

島田　もっとすごいのは、アイヌの語り部でしょう？　ユーカラ[*25]はさらに膨大ですからね。

＊24　**稗田阿礼**　七世紀後半‐八世紀初頭。『古事記』の編纂者の一人。
＊25　**ユーカラ**　アイヌ語で「叙事詩」。アイヌ民族に伝わる叙事詩の総称。

それを全部頭に入れてしまうというすごさが、昔の人にはあった。要するに、文字に記録できない時代、人々は自分が憶えなければ失われてしまうという緊張感のなかにあったわけです。それによって、もう信じられないくらいの記憶力を発揮したのだと思います。

いまは、ビッグデータとして保存できるという前提のもと、自分は憶えなくてもよいとなってきている。だから忘れ放題になっている。その分、一人一人の人間の記憶に対するレスポンシビリティは、だいぶ下がったと思います。政治家がいい例で、「記憶にございません」と言って通ってしまうわけです（笑）。

しかし、ビッグデータの保存という方法があるとしても、それが再利用されるのでなければ、忘れられたままと変わらない。ところが、そのまま死蔵されてしまうと思いきや、そうでもなかろう。そのあたり、私は人工知能に大いに期待しているんですね。つまり、データが保存されたままで、それを誰もチェックしないという状況がしばらく続くけれども、そのビッグデータをもう一回掘り起こす作業は、人工知能だったら億劫がらずにやるだろう、と。さらに、そのビッグデータを利用して何かを再創造しようという作業に入れば、これは面白いことが起きるのではないかと思っているんです。少なくとも、国会の場で何年か前に言ったことの忘れたふりは通らなくなりますね。

「郊外文学」の可能性

阿部　『徒然王子』では、主人公の王子が最初に連れて行かれたホープレス・タウンにまた最後に戻ってきて、そこに希望を見いだすという形で、一つの光明を抱くわけですね。このホープレス・タウンでは、マイナスの価値の負荷がかけられている場所にプラスの価値を見いだす、つまり絶望から希望へと転化していくところがとても面白いと感じます。

他方、先ほども話に出た別の新聞小説『忘れられた帝国』では、郊外という場所が大きなテーマとなっていて、島田さんの文学では、「郊外」が一つの到達点の形で出てくるように思います。それは何かというと、例えば中上健二さんの「路地」や、大江健三郎さんの「四国」のように、作家とその人につながるローカルな場所の関係にあるのではないかと思うのです。

島田さんの場合、先ほどの多摩丘陵の話もあるのですが、郊外というのはどこにでもあって、特徴のない場所につながるのではないか。そう考えると、それは記号のない場所であり、ホープレス・タウンというのが、日本の各地にある郊外を想起するきっかけになります。

島田　記号がないのは郊外だけではなくて、都心にも当てはまります。最近の私よりも若い世代の人たちの書く小説でも、基本的にはフリーターの主人公が生活をして、自分の意見を表明するにあたって必要不可欠なインフラというのがあって、まずはコンビニ、パチンコ屋、そしてイオン、ジャスコ、しまむら、靴流通センターとか。そういった現代文学のインフラのディテールを誰もが書いていて、それらは平均化されて特に地名を出さなくても同じようなものとして書かれていますね。

そういういまの状況から、今後の「郊外文学」の可能性を考えるならば、私は「出コンビニ」、「出イオン」、「出ジャスコ」記を書かなければいけないと思うわけですよ。現在の郊外住人、あるいはフリーター、引きこもりにとって、「それらの必要不可欠なインフラを全部破壊せよ」、「その影響圏からいっさい抜け出せ」ということが次の課題であって、逆に言えば、郊外の新たな可能性を見いだすために、それぐらいはすべきではないのかと思っているんですね。

ただ、郊外にもいろいろな様相があります。いま述べたのは典型的な、退屈な、どこも似たり寄ったりの郊外像ですけれども、細かく見ていくとやっぱり違うんですよ。日本ではまだそこまで深く広がっていないけれども、例えばパリやロンドンの郊外は、いまや移民の人々が新たな文化を創り出していく、そういう現場になっているはずです。イギリスやフランスの文化とは違う他所から来た、インド、パキスタン、あるいはセネガル、ナイジェリア、いろんなところから来た移民たちが暮らしている。

一世は、最初は移住先の文化に馴染もうとしていくだろうけれども、二世のなかには元々の自分たちの文化的ルーツに対する興味と、そこから離れて忘れていくことへのある種の罪悪感みたいなものがあって、自分たちのルーツをもう一回見つめ直そうという動きが出たりしてくる。三世になると、今度は移住先でずっと教育を受けて育つなかで、現地の若者文化の影響を受けながら、同時に二世たる親の影響でイスラム教に帰依するとか、アラブ文化を見直すとか多少なりとも起きて、自身のなかに文化のハイブリッド化が生じるのだろう。そういう人たちが表現するものが、またユニークだったりして、すでにパリやロンドンの郊外では起こっている。

日本でも最近、『ジニのパズル』[*26]のような作品が出始めていますよね。ジニという在日韓国人の少女が朝鮮学校に行くのだけれど、そこは居心地が悪くて、今度はアメリカに行ってみたりする。何がやりたいのかよくわからないが、しかし必死になって在日というコンテキストに縛られない、もっと自由な文化を自分から選び取っていこう、そういう意志を感じさせる作品です。

実際問題として、取手とか宇都宮とか、東京への通勤圏に入る郊外に日系ブラジル人の工場労働者がたくさん集まるコミュニティができているじゃないですか。鶴見（横浜市鶴見区）などでは戦前からですが、もう大きなブラジル・タウンみたいなところがあります

＊26　『ジニのパズル』　崔実（一九八五年‐）が二〇一六年に発表した小説。群像新人文学賞、織田作之助賞、芸術選奨文部科学大臣新人賞を受賞。

ね。そのなかで、ブラジル人の子どもたちが日本の学校に入ると、移民したてでポルトガル語しかできない。そこで日本人の子どもたちと同じ教室で学ぶにあたって、教育補助としてポルトガル語の通訳がついて一緒に学ぶ。郊外の公立小学校では、そういう多言語的な環境になっている現状があります。そこからまた、何か新しいものが生まれるだろうと期待しています。

三島由紀夫の多面性

阿部　事前に、島田さんが選んでくださった作品の読書会を開催したのですが、『徒然王子』について、「これは三島由紀夫なんじゃないか」という人がいたのです。三島由紀夫の『豊饒の海』も四回の輪廻転生があります。そして『徒然王子』も四回転生している。

島田　そう言えば、そうでしたね。

阿部　作品のトーンや世界観は全然違いますが、島田さんは三島に対するオマージュをいろいろなところで発言されており、何か意識されていたことはあったのかと関心があります。

島田　三島の『豊饒の海』に関しては、これ以前に書いた〈無限カノン三部作〉（『彗星の住人』、『美しい魂』、『エトロフの恋』）では強烈に意識しましたけれども、『徒然王子』はたしかに輪廻転生の物語ですが、あの作品への意識は遠のいていました。

阿部　なるほど、たしかに〈無限カノン三部作〉では皇族の問題も前景化していて、『豊穣の海』に通ずるところがありますね。三島由紀夫というのは作家であると同時に非常に多才な人物であったのですが、島田さんも同様でいらっしゃる。そうした立ち位置が三島と重なるのですが、何か意識されることはあるのでしょうか。

島田　小説家の生き方は、「文学者」か、「文士」かでだいぶ分かれると思います。文学者というと、やはり学者ですから研究とかそういう要素が強くなりますけれど、文士はどちらかというと芸人っぽいイメージでも捉えられると思うんですね。焼け跡の無頼派みたいに、この人だったら私たち庶民を代表して何か愚行をやってくれるんじゃないか、と。その意味で、私小説の作家の愚行は一つの芸能のうちというか、その無頼ぶりをこれ見よがしにやってのけて面白がられるという面があると思うのです。いまで言えば、西村賢太[*27]の

『彗星の住人』（新潮社、二〇〇〇年／新潮文庫、〇六年）

『美しい魂』（新潮社、二〇〇三年／新潮文庫、〇七年）

『エトロフの恋』（新潮社、二〇〇三年／新潮文庫、〇七年）

ような作家ですね。彼は風俗店ばっかり行っているわけですけれども。つまり文士には、世間からそういう期待が向けられている。

その意味で、三島はとても多面的です。もちろん文学者として一流であって、『豊饒の海』のような文学作品を書きつつ、仕事量も多いので空いた時間は自分の知名度や人気を維持するためのサービス的小説を書いていた人です。最近、三島の『命売ります』[*28]が復刻されて、けっこう売れていると聞きました。私も大好きな作品の一つです。その一方で演劇活動もやっていたし、俳優活動もやっていたし、批評家としても一流でした。というように、本来だったら五人で分担すべき仕事を、一人五役的にやっていたという印象ですね。最近では、文士的な役割はもっぱら芸人さんが担っている感じがしますけれども。

前世から次世へのつなぎの苦労

阿部　では、そろそろ島田さんに朗読をお願いしたいのですが、どこがいいでしょう?

島田　この『徒然王子』ですが、前世が終わって次の世が始まるときの間というか、リエゾンというか、つなぎが実は難しかったんですよ。そこをどう自然に持っていくかは、けっこう考えました。章を変えればそれでスムーズにいくものでもなく、上手く接合しなければならないということにかなり頭を使いました。

阿部　そこでアレイ君であったり、仙人であったりが出てくるわけですね。

島田　そうそう。そこが私的にはかなり難しかったんですよ。というわけで、そのつながりのあたりをちょっと読んでみようかと思います。

ジョアンは司教の許しを得、ジュストの棺に寄り添い、盟友の亡骸のために茶席を設けた。ヒデがリキューを殺した時、ジョアンは思った。長生きすれば、誰もが孤独になる、と。今や、その言葉を最も深く噛み締めているのは自分だった。

ジョアンは、いつも夕暮れになると、亡き友や師と魂を通わせるために、修道院から歩いて三十分ほどの岬にやってくる。そこには腰を下ろすのにちょうどいい天然の石がある。ジョアンはそこに腰かけ、祈りの言葉を唱える。すると、懐かしい死者たちの声が潮騒に紛れて、聞こえてくる。ジュストの微笑交じりの声、フロイス師の励ましの言葉、ヴァリニャーノ師の笑えない冗談、ヒデをののしるコエーリョ師の罵声、ヒデのしわがれ声の呟き、リキューのお経にも似た低く格調高い声などが、何の脈絡なく、空耳のように聞こえてくるのだ。ジョアンはそれに一つ一つ丁寧に答えるので

＊27　**西村賢太**　一九六七年‐。小説家。小説に『暗渠の宿』、『苦役列車』など。

＊28　**『命売ります』**　一九六八年に三島由紀夫が出版した長編小説。三島没後四十五年の二〇一五年に突如人気が広がり、ベストセラーとなる現象が起きた。

ある。
――武将というのはみな業が深いものでござる。
――私も業が深いからこそ、神に仕えているのですよ。
――ジョアン、これからは君がイエズス会の耳となり、舌となるのだ。
――私ももうお役御免です。
――ノブの次はヒデ、ヒデの次はヤス、そして、ヤスの次は……
――もう終わったんですよ、ヴァリニャーノ師。すべては裏目に出ました。
――また首のすげ替えをしてやる。
――首をすげ替えても、われらの望みは叶いませんでした。
――もう少し話のわかる者を差し出せ。
――あなたこそ態度をコロコロ変える

な。

——本当に神を信じているのですか？

——もちろんです。神を信じなければ、ほかに何を信じたらいいのです？

やがて、死者たちの声に別の誰かの声が交じってくる。

——三度目の前世も労多くして報われない人生でしたね。

——あなたは……どなたですか？

——戦国時代に放り出されたんだ。どんな男も波瀾万丈を生きる羽目になる。

——確かに波瀾万丈な人生です。商人の使い走りから修道士になって、この国の言葉を学び、ツヅになり、あの時代のあらゆるものと交わってきた。さぞ疲れたでしょうね。

誰が話しているのか？　聞き覚えのある声だった。

——せっかく、遠い異国に生まれ変わったというのに、性懲りもなくもまた、この国に戻ってきたんだな。よほどこの国に執着のある魂を受け継いだと見える。

——ノブナガ、ヒデヨシ、イエヤス、三人の天下をその目で見てきたんですね。覇者の素顔も、歴史の裏面も見る立場にあったんだ。

——センノリキューやタカヤマウコンと親しくし、茶道にものめり込んでいる。そればかりか、下々の者が何を考え、何を楽しみに生きていたかも知っている。

——このジョアン・ロドリゲスという人はぼくに似たところがあって、共感できます。

――君は早死にしたが、この男は長生きしたよ。

一体、誰だろう？　聞こえよがしに、さも見てきたように人の過去を噂しているのは？

――やあ、お帰り。前世三幕はポルトガル人だったな。

そう話しかけてきた男は以前にも見かけたことがあったような……あれはいつ、どこでだったか？　そう、ミヤコのモドリ橋ですれ違った。確か、リキューの木像が磔にされていた時のことだ。リキュー屋敷の物々しい警備の人垣をくぐり抜けて、貸した金を取り戻してきたあの炭屋ではないか？

――なぜ、あなたはこんなところにいるのか？

――いちゃ悪いか？

もう一人の若い方の男を見る。こちらもどこかで会った気が……

――ナガサキのニシザカの丘で会いましたね。

――君は殉職した少年の……

――アントニオです。あれからパライソを経由して、また別人に生まれ変わりました。前世でも早死にしてばかりで。

彼らもまた死者なのか？　すると、自分も彼らと同じようにわが主の元に召されたのか？

――あいにく、ここには神も仏もいないよ。

不吉な顔をしたその男に、ジョアンは訊ねた。

――ここにはジュストやリキューやヴァリニャーノ師もいるのか？

――死者の国だから、捜せば会えるかもしれないが、四百年前に降った雨の痕跡を捜すようなものだな。

――では、なぜ私はあなた方とこうして死後の世界で会うことができるのだ？

――君がジョアン・ロドリゲスという男の人生を全うするのを待っていたからだ。今回の旅は長かったから、リセットには時間がかかるな。

――肉体を脱ぎ捨てても、しばらくはその感覚が残っているでしょう。でも、また新たな肉体を身につければ、すぐにそれに馴れます。

阿部　ありがとうございました。私はたまたまこの夏に長崎の西坂を訪れたので、実際の光景と、物語によって立ち上がってくる風景を味わうという不思議な感覚を覚えました。

「ヒストリー」から「彼の話＝ヒズ・ストーリー」へ

阿部　今回選ばれた三作は、すべて四文字タイトルであるという共通点を仰っていましたが、それぞれ作品のタイプは違うんですね。けれども、実は最後の結びの部分で、いずれも重要なキーワードとして「歴史」という言葉が使われています。読み上げますと、『彼岸先生』では、

歴史はかつて起こったように繰り返されない。［…］もはや、あの輝かしい歴史の少年時代は〝現在〟を忌《い》み嫌《きら》う子供じみた人々のノスタルジーの中で一般化され、美化されるだけだ。［…］唯一《ゆいいつ》期待できるのは日本に上陸してきた中国人やイラン人、東南アジア、中南米の移民労働者たちが社会をひっかき回し、部分的に日本を彼らの植民地に変えてくれることくらいだろうか。

『退廃姉妹』では、

歴史には一切の関わりを持たないような顔をしていても、優雅なあばずれ娘たちの歴史は繰り返される。時に悲劇として。時に喜劇として。

『徒然王子』では本当に最後の部分ですが、

歴史をないがしろにした者は歴史に復讐されるだろう。


という言葉で閉じられています。

ある意味で、それぞれに歴史小説という面がなきにしもあらずですが、幻想的な要素もかなり盛り込まれているので通常の歴史小説とはだいぶ趣を異にしています。そして、ありえたかもしれない、あるいはあったかもしれないけれども、われわれの知らない世界を浮かび上がらせて、最後に「歴史」という言葉を使っています。そこに島田さんの歴史への思いを感じたのですが、そのあたりはどうでしょうか。

島田　私は「ヒストリー」というのを「ヒズ・ストーリー」というふうに解釈しているんですね。要するに、民族の歴史、国家の歴史というような大きな問題ではなく、ある時代を生きた個々の人々が何を考え、何をしたかということの集積が「歴史」なのです。大きな物語としての歴史記述からは抜け落ちるような「彼の話＝ヒズ・ストーリー」、これを丹念に掬い上げていくところが、歴史記述と歴史小説の違いでもあると思います。

もちろん、森鷗外の「歴史其儘と歴史離れ」[*29]のように、歴史に対する文学者のスタンスを書いた作品はあります。『レイテ戦記』[*30]を書いた大岡昇平にとっては、現実にレイテ島で起きた出来事の取捨選択を行って、それを作り話なしに再現することが、彼なりの戦争責任の取り方であり鎮魂であって、そのような歴史のスタンスもあります。他方では、普通のヒストリアンとは違うフィクション・ライターの歴史への絡み方などもあるかと思います。

＊29 **「歴史其儘と歴史離れ」** 森鷗外が一九一五年に発表した随筆。
＊30 **『レイテ戦記』** 大岡昇平が一九七一年に出版した戦記文学作品。

質疑応答1　アイデアを出し続ける秘訣とは？

──大学院の博士課程に所属している者です。三十年以上にわたり、島田さんは執筆をされていますが、アイデアを枯渇させずに出し続ける秘訣は何でしょうか。いま、博士論文に取り組んでいて書き進むことが難しいのですが、アイデアを得る方法、そういうものが浮かぶタイミングなど教えていただければと思います。

島田　やはり定期的に休んだり遊んだりしないとだめになります。「勉強ばかりで遊ばないとジャックはだめになる」ということわざがあるぐらいで、一つの作品なり論文なりに集中していると、ある程度までは掘れるんですが、そこから先が進まなくなりますね。穴を掘っていくと必ず壁が埋まっているんです。それを強行突破するのは疲れるので、迂回するのがよろしいか、と。

それで迂回の方法ですが、少し違うことをやるのがよいでしょうね。そうすると全然違う脳の部分が使われることになり、自分がいままでやってきたことを客観視できます。それで、なんでこんなところでつまずいたのかと以前の自分がばかに見えます。そうなったら、たぶん次に進めるんですね。だから、基本的にオープンスタンスに構えていけば、枯渇ということは特に問題にならないのではないかと思います。

こういうことを私がいつ悟ったかというと、昔、ロッククライミングをやっていたんです。いまはボルダリングといってすごく難しくなったので、もうできませんけど。それで若い頃はけっこう無茶をして難しいところを登るんですが、怖くて岩にへばりついてしまい、立ち往生するんですよ。しがみつきながら、「これはもう落ちるしかないな、来なきゃよかった」と思うわけです。そのとき、ここにいない自分を想像するんですね。「うちにいたら、いま頃は好きなドラマの再放送を見ながら、お菓子を食べていられるのにな」とか思うんですよ。そして「まあ、しょうがないよな」と思う。

このように、いま直面している不愉快な現実からちょっとだけ距離を置くと、余裕ができるんです。自然と岩にへばりついていた体が少し離れるんですね。そうすると、「なんだ、ここにホールドがあるじゃないか」という具合に、局面が打開されて登っていくことができる。そうやって対象から少し離れないとだめだということを、私はロッククライミングで気づいたんです。

質疑応答2　作品を書くなかで一番嬉しいとき

——ものを書かれるときに、どの部分で一番のクライマックスがあるのかということをお聞きしたいです。アイデアが浮かんだときか、執筆が終わったときか、出版して売れたときか、どの部分で「おっしゃー！」という気分になって、やっていてよかったと思われますか。

島田　最近は、作品を脱稿する瞬間、完成に行き着いたときはきっと嬉しいだろうなと思って、それで書いているんです。しかし完成してもまだ推敲が終わっていないわけで、それがいつ終わるのかというと、はっきりしていないんですね。

「ここで完全に完成だ」という見極めはけっこう難しくて、結局は本になってしまったからもう諦めるしかないということになります。本になるというのはある意味、商品ができるということで、それはそれで嬉しいんですけれども、「今回もまたどうせ売れないんじゃないか」とか思ってしまう（笑）。そのときに「じゃあ、何をもって売れたと見なせばいいか」という、その数的な境界もわからないし。

ですから執筆のどの段階が一番嬉しいかというと、たぶんいまだったらこう思います。まだ書いてない段階。「何となく次はあの辺を突っついてみるかな」ということを考えているときが、一番楽しくて盛り上がります。

阿部　推敲をどこでやめるかというのは、私も関心があります。

島田　執筆の環境や方法、あるいは頭の使い方も、筆記具によって変わってきたと思いますね。手書きの時代、私はシャープペンシルを使っていたんです。二十本ぐらい持っていて、消しゴムで編集していました。あんまりやりすぎると紙が破れるという物理的制約があったので、「じゃあ、もうこの辺でやめとくか」とか、その頃合いがあった。

ところがパソコンに打ち込むようになって、いまはもう無限に編集できます。「後でいくらでも直せるんだから、あれこれ悩む前に書きやすいところから書いていって、後でつぎはぎすればいいや」と思って書いているのが現実です。ただ、それをやると編集作業がまた面倒で終わらなくなることがわかって、「やはり元の原則に戻って、順繰りに書いていくのがいいのかな」とか、そういう試行錯誤はありますね。

阿部　やはりどんな道具を使うかによって、書き方は変わるのですね。

島田　はい。最近、人工知能に小説を書かせるプロジェクトをやっているでしょう？　でも考えてみれば、パソコンを使って小説を書くという作業自体が、もう人工知能を使っているようなものですよ。なぜなら、昔はリサーチ的な部分が図書館に行ったり人に聞いたり、けっこう煩雑でしたが、いまはネットですぐに検索できて裏も取れる。そういうリサーチ作業を結局は電脳に代行してもらっているわけだから、もう完全に昔のオーサーシップとは違います。圧倒的に楽になっている。その意味では、手書きしかなかった時代の三倍ぐらいは生産量がなければおかしいはずなんですけれども（笑）。

質疑応答3　旧ソ連時代の地下出版のゆくえ

——旧ソ連時代の地下出版というのは、たぶん当局から相当叩かれたと思うのですが、それが生き残り続けて、周りに配布することができたのはなぜでしょうか。また、ソ連崩壊の後、彼らはどうしているんでしょう?

島田　ものすごい緊張感のなかで流通していたのだと思います。そういう地下で流通している発禁の本を読んだだけで、逮捕されたり精神病院に入れられたりする危機感があったので、原稿の管理は徹底していたと思います。だからこそ流通できた、というのが背景の一つとしてあります。

実物はすごく粗末なものなんですよ。本当に質の悪い紙に、カーボンで複写してあるだけのものを綴じている。かさばる原稿だと見つかりやすいので、撮影して自分の暗室で焼いた写真を綴じた冊子とか、あるいは昔の図書館にあったようなマイクロフィルムに入れた情報とか、さまざまな形状がありましたね。

そうした状況での出版と講読なので、もしかしたらそれを自分が読めるということがステイタスになっていたかもしれない。ある種の恍惚感とともに読んでいたのではないか、と。ですから家宝のように大事に抱えて、注意深くしまい込んでいたと思います。それでなかなか見つからなかったのではないでしょうか。

ただ、ペレストロイカとその後の連邦崩壊という事態になって、実質的に検閲が機能しなくなった。そのこと自体はよいことなのですが、自由に読めるようになった途端に、そうしたものへの熱意や渇望は劇的に減っていってしまいました。それで先ほど述べたように、混乱期のなかで結局、イージーな快楽、イージーなエンターテイメントに向かっていき、「エロ・グロ・ナンセンス」が流行ったわけです。読者のほうの質の低下は、思いのほか早かったというところでしょうか。

質疑応答4　悲惨な出来事は体験がなければ書けないか

――『退廃姉妹』では、自分は戦争の体験を両親や経験者から聞いてインプットされているから、この作品を書く資格があると思ったと仰っていました。その感覚というのは、第二次大戦や原爆、あるいは水俣病、今後では東日本大地震や福島原発について、実際に体験した人でなければ書けないという考えを作家の人たちはつねに持っているということなのでしょうか。

例えば、実際に体験した人と比べて書けることに差があるとか、自分はやはり観察者にすぎないとか、そういった感覚を『退廃姉妹』のような作品を書かれているときに感じたりしたのでしょうか。

島田　もちろん、体験した人が書く理由には、非常に強烈なものがあるはずです。体験したからこそ、自分は他の誰も知らないディテールをわかっていて、それをどうしても伝えたい。あるいは、自分が体験したことと世の中に出回っていることとの間にギャップがあって、それは事実でないので正したい。そういう欲求が生じれば、ものすごい動機になると思います。

さらには、自分の周りで多くの人が死んでいった状況のなかで、自分が生きているということの責任あるいは罪悪感、こういうものも自分が書かなければいけないという義務感を抱かせる理由となります。

もう一つ言えば、では体験者は正確にありのままを書けるかというと、そこには疑問もあります。なぜならば、その経験があまりにも辛すぎるという事情で、それを書くこと自体から逃げたい、そちらに向かってしまう人がいるのも事実です。そうすると、物事に対してある程度距離を置いたところにいる人間のほうが冷静であり、書くのにふさわしいという場合もある。そんな事情から、悲惨な出来事に対しては、体験者が必ずしも最も良質な語り部になるというわけではないんですね。

質疑応答5　学生生活と執筆活動

――いま僕は大学生なのですが、島田さんはデビュー前から学生生活と執筆活動を一緒になさっていたわけで、その時期というのはいったいどう過ごされていたのでしょうか。

島田　いまよりずっと、体力はありましたからね。だから、けっこう落ち着きなく、いろいろなことをやっていました。例えば、先ほど阿部さんと同じサークルの出身だという話が出ましたけれど、それは「ソ連東欧研究会」という、けっこう真面目なサークルだったんです。私は他にも美術部とオーケストラに入っていましてね。だいたい、その両方に入る人はあまりいないんですけど。あとは、デビューしたのが三年の秋に書いた作品でしたから、それまでに単位はもうほぼ取っていたということもあり、特に大学生活と執筆活動の両立に問題はなかったです。

ただ、四年生になると就活というのが最大の関心事になったりすると思うんですけど、いまから三十数年前の労働市場には、「フリーター」という言葉がなかったんですね。だから、今風のフリーターというのは、失業者のことだったんですよ。派遣社員なんていうのもない時代で、雇用の環境が違うので、基本的に「就職活動」というのは正社員になることを意味していました。

だから、私が迷ったのは、そこなんですね。「じゃあ、どうしようかな」と。大学四年に自分の作品が商業雑誌に掲載されて、原稿料をもらうということになった。芥川賞候補にもなった。けれども、そのままずっとプロでやっていけるという保証はもちろんないわけですから、このままいくと就職もしないことになり、世間的にはいわゆる失業者になるのかなという不安がありました。「失業者」という言葉の響きは、とても悪い。それでどうしたかというと、まず失業者に見られないようにするためにスーツを買いました。それで用もないのに、スーツを着て飲みに行ったりしました。

「いっそのこと、大学院にでも籍を置いとくか」とも思ったんですよ。それで受験勉強を一応したんですけど、東京外語大学の大学院はとても難しくて行けないんです。東大だったら可能性があった（笑）。こんなことを言うと東大生には悪いけど、実は外国語に関しては外語大生のほうがアドバンテージがあるんですね。つまり、一年生のときから徹底的に鍛え込まれて身につけさせられるから、専攻の外国語を三年次になってからやる東大よりも圧倒的に有利なのです。だから一時期、いまもそうかもしれませんが、東大の外国語系の大学院は、外語大生の「植民地」のようになっていたんです。

でも、それでもやっぱり東大は当時の自分にはちょっとレベルが高かったので、「早稲田にしよう」と思った。「外語大から早稲田の大学院を受けて落ちた人はいない」と当時の主任教授の原卓也[*31]先生に言われたんです。「じゃあ、楽勝だろう」と思ったら、落ちたんですね。外語大のロシア語から早稲田のロシア文学科の大学院を受けて、試験に落ちた不名誉な第一号です。

しかも早稲田の大学院の受験は、大学の卒業後だったんです。だから、大学に籍を残す

＊31　**原卓也**　一九三〇 - 二〇〇四年。ロシア文学者。著書に『チェーホフ研究』、『ドストエフスキー』など。トルストイやドストエフスキーなどの翻訳多数。

こともできず、結果的には、そのまま執筆に専念してやっていくしかなかったわけです。言ってみれば、失業者ですよね。フリーターというか、無職の状態。「もの書き、小説家」という職業は資格も要らないし試験もないので、ある意味で自己申告なんですね。そこで否応なく、職業的に原稿をたくさん書いて、生きていくしかなくなったわけです。

阿部　外語大にも残らず、東大にも早稲田にも行かなかったことで、作家・島田雅彦が誕生したとも言えるのですね。今日は、貴重なお話をありがとうございました。

（二〇一六年十月五日、東京大学本郷キャンパス 情報学環福武ホールにて収録）

＊インタヴュー動画は、次のウェブサイトよりご覧いただけます（一部有料）。
［飯田橋文学会サイト］
http://iibungaku.com/news/8_1.php
［noteの飯田橋文学会サイト］
https://note.mu/iibungaku/n/n772493a040ff

関連年譜

一九六一年（〇歳） 東京都世田谷区深沢に生まれる。一歳下の弟がいる。

一九六五年（四歳） 神奈川県川崎市多摩区に転居。

一九七三年（一二歳） 川崎市立野島中学校に入学。中学時代は、江戸川乱歩、新田次郎、五木寛之、三島由紀夫、太宰治、大江健三郎、安倍公房、サリンジャー、ポーなどを濫読。三年生頃に、小説家になろうと決意。小説誌の新人賞に応募するようになる。

一九七六年（一五歳） 神奈川県立川崎高校に入学。文芸部に所属。

一九八〇年（一九歳） 東京外国語大学外国語学部ロシア語学科に入学。美術部に入部。ソ連東欧研究会の勉強会に参加。学生オーケストラに入会しビオラを弾く。

一九八二年（二一歳） 「優しいサヨクのための嬉遊曲」を書き始める。

一九八三年（二二歳） 「優しいサヨクのための嬉遊曲」を福武書店『海燕』編集部に持ち込み、掲載される。同作で芥川龍之介賞候補となるが落選。初の単行本『優しいサヨクのための嬉遊曲』（福武書店）を刊行。

一九八四年（二三歳） 東京外国語大学を卒業。卒業論文は「ザミャーチンの散文をめぐって」。『夢遊王国のための音楽』（福武書店）を刊行、第六回野間文芸新人賞を受賞。東欧・ソ連を旅行。

一九八五年（二四歳） 初の長編『天国が降ってくる』（福武書店）を刊行。

一九八六年（二五歳） 『僕は模造人間』（新潮社）、『ドンナ・アンナ』（新潮社）。結婚。

一九八七年（二六歳） 「未確認尾行物体」（『文學界』前年一一月号）が芥川賞候補になるが落選し、最多落選タイ記録（六回）を樹立。『未確認尾行物体』（文藝春秋）。

一九八八年（二七歳） 戯曲『ユラリウム』（河出書房新社）。コロンビア大学の客員研究員として一年間ニューヨークへ。

一九九〇年（二九歳） 「彼岸先生」を『海燕』に連載（一月から翌年一二月号まで）。戯曲『ルナ　輪廻転生の物語』（河出書房新社）を刊行。自らの演出で「ユラリウム」をスタジオ・マグにて上演。

一九九一年（三〇歳） 中上健次、川村湊らと日韓文学シンポジウムの構想を練り、翌年より実現。湾岸戦争をめぐる文学者の討論集会に参加。

一九九二年（三一歳） 『彼岸先生』（福武書店）を刊行、第二〇回泉鏡花文学賞を受賞。自らの演出で「ルナ　輪廻転生の物語」を銀座セゾン劇場にて上演。長男誕生。一九九三年（三二歳）従来の文学賞の姿勢を批判する「瞠目反（アンチ）文学賞」を創立。

一九九四年（三三歳） 「忘れられた帝国」を『毎日新聞』夕刊に連載（五月〜一一月）。この年より、近畿大学文芸学部で文学講義を始める（二〇〇二年度まで）。

一九九五年（三四歳） 『流刑地より愛をこめて』（中央公論社）、『忘れられた帝国』（毎日新聞社）。

一九九七年（三六歳） リブレットを手がけたオペラ「忠臣蔵」（作曲・三枝成彰）が東京文化会館で初演。

一九九九年（三九歳） 『自由死刑』（集英社）。作・演出・主演を務める「フランシスコ・X」を鹿児島ウォーターフロントにて上演。

二〇〇〇年（三九歳） 〈無限カノン1〉『彗星の住人』（新潮社）を刊行。

二〇〇二年（四一歳）　オペラ「忠臣蔵」改訂版、新国立劇場にて再々演。『フランシスコ・X』（講談社）、『自由人の祈り　島田雅彦詩集』（思潮社）。

二〇〇三年（四二歳）　「退廃姉妹」を『文學界』で連載（九月号〜〇五年三月号）。〈無限カノン2〉『美しい魂』ならびに〈無限カノン3〉『エトロフの恋』を新潮社から刊行。この年より、法政大学国際文化学部教授に就任。

二〇〇四年（四三歳）　リブレットを手がけたオペラ「Jr．バタフライ」（作曲・三枝成彰）が東京文化会館で初演。『溺れる市民』（河出書房新社）。

二〇〇五年（四四歳）　『退廃姉妹』（文藝春秋）を刊行。

二〇〇六年（四五歳）　『退廃姉妹』で第一七回伊藤整文学賞を受賞。プッチーニ音楽祭に、自ら作・演出したオペラ「Jr．バタフライ」で参加。イタリア・トスカーナ州のトッレ・デル・ラーゴ野外大劇場にて上演。韓日作家共同シンポジウムに参加。

二〇〇七年（四六歳）　『カオスの娘――シャーマン探偵ナルコ』（集英社）、『佳人の奇遇』（講談社）。

二〇〇八年（四七歳）　「徒然王子」を『朝日新聞』朝刊に連載（一月〜翌年二月）。『カオスの娘』で芸術選奨文部科学大臣賞（文学部門）を受賞。ニューヨークに滞在（七月〜翌年三月）。韓国で開催された東アジア文学フォーラムに参加。『徒然王子　第一部』（朝日新聞社）。

二〇〇九年（四八歳）　『徒然王子　第二部』（朝日新聞社）。

二〇一〇年（四九歳）　作・演出を手がけたオペラ「忠臣蔵」外伝（作曲・三枝成彰）をBunkamuraにて上演。『悪貨』（講談社）。北九州市で開催された東アジア文学フォーラムに実行委員長として参加。

二〇一一年（五〇歳） 署名入り自著の売上を東日本大震災の被災地に寄付する「復興書店」を設立。

二〇一四年（五三歳） 『往生際の悪い奴』（日本経済新聞社）、『暗黒寓話集』（文藝春秋）。ヴェネチアに滞在（八月～翌年一月）。個人の電子書籍レーベル「Masatti」を設立。

二〇一五年（五四歳） 中国で開催された東アジア文学フォーラムに参加。『虚人の星』（講談社）。

二〇一六年（五五歳） 『虚人の星』で第七〇回毎日出版文化賞を受賞。

二〇一七年（五七歳） 『カタストロフ・マニア』（新潮社）。

著作目録

小説

『優しいサヨクのための嬉遊曲』福武書店、一九八三年／新潮文庫
『亡命旅行者は叫び呟く』福武書店、一九八四年／福武文庫
『夢遊王国のための音楽』福武書店、一九八四年／講談社文芸文庫
『天国が降ってくる』福武書店、一九八五年／講談社文芸文庫
『僕は模造人間』新潮社、一九八六年／新潮文庫
『ドンナ・アンナ』新潮社、一九八六年／新潮文庫
『未確認尾行物体』文藝春秋、一九八七年 文春文庫
『夢使い レンタルチャイルドの新二都物語』講談社、一九八九年／講談社文庫／Masatti、Kindle版

島田雅彦

『ロココ町』集英社、一九九〇年／集英社文庫
『アルマジロ王』新潮社、一九九一年／新潮文庫
『彼岸先生』福武書店、一九九二年／新潮文庫
『預言者の名前』岩波書店、一九九二年／新潮文庫
『流刑地より愛をこめて』中央公論社、一九九五年／『やけっぱちのアリス』新潮文庫
『忘れられた帝国』毎日新聞社、一九九五年／新潮文庫
『浮く女沈む男』朝日新聞社 一九九六年／朝日文庫／Masatti、Kindle版
『そして、アンジュは眠りにつく』新潮社、一九九六年／新潮文庫
『内乱の予感』朝日新聞社、一九九八年／朝日文庫／Masatti、Kindle版
『君が壊れてしまう前に』角川書店、一九九八年／ピュアフル文庫
『子どもを救え！』文藝春秋、一九九八年／集英社文庫
『自由死刑』集英社、一九九九年／集英社文庫
『彗星の住人』新潮社、二〇〇〇年／新潮文庫
『フランシスコ・X』講談社、二〇〇二年／講談社文庫
『美しい魂』新潮社、二〇〇三年／新潮文庫
『エトロフの恋』新潮社、二〇〇三年／新潮文庫
『溺れる市民』河出書房新社、二〇〇四年／河出文庫
『退廃姉妹』文藝春秋、二〇〇五年／文春文庫
『カオスの娘――シャーマン探偵ナルコ』集英社、二〇〇七年／集英社文庫

『佳人の奇遇』講談社、二〇〇七年／講談社文庫
『徒然王子　第一部』朝日新聞出版、二〇〇八年／第一部、合本版、Masatti、Kindle版
『徒然王子　第二部』朝日新聞出版、二〇〇九年／第二部、合本版、Masatti、Kindle版
『悪貨』講談社、二〇一〇年／講談社文庫／Masatti、Kindle版
『英雄はそこにいる』集英社、二〇一二年
『傾国子女』文藝春秋、二〇一三年
『ニッチを探して』新潮社、二〇一三年／新潮文庫
『往生際の悪い奴』日本経済新聞出版社、二〇一四年／Masatti、Kindle版
『暗黒寓話集』文藝春秋、二〇一四年
『虚人の星』講談社、二〇一五年
『カタストロフ・マニア』新潮社、二〇一七年

詩集

『自由人の祈り　島田雅彦詩集』思潮社、二〇〇二年

戯曲

『ユラリウム』河出書房新社、一九八八年／『ユラリウム・ルナ』河出文庫
『ルナ　輪廻転生の物語』河出書房新社、一九九〇年／『ユラリウム・ルナ』河出文庫

オペラ台本

「忠臣蔵」（三枝成彰作曲）
「Ｊｒ．バタフライ」（三枝成彰作曲）

その他の創作

『死んでも死にきれない王国からある旅人のアフリカ日記』主婦の友社、一九九二年
『ミス・サハラを探してチュニジア紀行』ＫＫベストセラーズ、一九九八年
『感情教育』朝日出版社、二〇〇〇年
『エリコ』インデックス・コミュニケーションズ、二〇〇六年

随筆・論考など

『認識マシーンへのレクイエム』朝日出版社、一九八五年
『偽作家のリアル・ライフ』講談社、一九八六年／講談社文庫
『語らず、歌え』福武書店、一九八七年／福武文庫
『永劫回帰マシーンの華やぎ　変身の系譜学』岩波書店、一九八八年
『愛のメエルシュトレエム　島田雅彦クロニクルズ１９８７‐１９９１』集英社、一九九一年／『ヒコクミン入門』集英社文庫
『植民地のアリス』朝日新聞社、一九九三年／朝日文庫
『漱石を書く』岩波新書、一九九三年

『彼岸先生の寝室哲学』角川春樹事務所、一九九六年／ハルキ文庫
『退廃礼讃』読売新聞社、一九九八年
『郊外の食卓』筑摩書房、一九九八年
『ひなびたごちそう――島田雅彦の料理』朝日新聞社、二〇〇〇年／ポプラ文庫
『楽しいナショナリズム』毎日新聞社、二〇〇三年
『食いものの恨み』講談社、二〇〇四年／講談社文庫
『衣食足りて、住にかまける』光文社、二〇〇四年
『快楽急行』朝日新聞社、二〇〇五年
『妄想人生』毎日新聞社、二〇〇五年
『NHK知るを楽しむ この人この世界2008年6月―7月 オペラ偏愛主義』日本放送出版協会、二〇〇八年
『酒道入門』角川oneテーマ21、二〇〇八年
『島田教授の課外授業 悩める母親のために』文化出版局、二〇〇九年
『小説作法ABC』新潮選書、二〇〇九年
『徒然草 in USA 自壊するアメリカ 墜落する日本』新潮新書、二〇〇九年
『オペラ・シンドローム 愛と死の饗宴』NHKブックス、二〇〇九年
『迷い婚と悟り婚』PHP新書、二〇一一年
『優しいサヨクの復活』PHP新書、二〇一五年
『筋金入りのヘタレになれ』ベスト新書、二〇一六年
『深読み日本文学』インターナショナル新書、二〇一七年

＊原則として単独著を示す。編著、共著、翻訳、選集などは割愛した。
＊著作は、『書名』出版社、出版年／最新の文庫を示す。
＊『ミイラになるまで　島田雅彦初期短篇集』（講談社文芸文庫、二〇一五年）、島田雅彦オフィシャルサイトなどを参考にした。

（作成・編集部）

インタヴューを終えて――多様な生を描く

島田さんとは、学生時代に一度だけお会いしたことがある。インタヴューの冒頭でも触れたように、島田さんたちが設立したサークルに私は入っていて、何かの打ち上げに島田さんがいらっしゃったのだ。正確に言えば、「お会いした」わけではなく、ただ「姿を見た」だけである。けれども、その時の姿は、今でもはっきりと想い出すことができる。酒を飲みながら、文学から音楽まで自由に論じるその姿は「作家」という存在を体現していたからだ。

それから、二十数年が経過し、今回、その島田さんにインタヴューするという機会に恵まれた。インタヴューを引き受けてからというもの、日が近づくにつれて緊張が増していった。事前に作品を読み直していくうちに、島田雅彦の小説に改めて圧倒されたからだ。訊ねたいことが次々と浮かび、質問を整理するのにも時間がかかったが、今思うと、とても幸せに満ちたひと時でもあった。インタヴュー当日、控室で島田さんと言葉を交わしていくうちに、当初感じていた緊張感は和らぎ、どうにかインタヴューを終えることができた。けれども、今回、あらためてインタヴュー原稿を読みなおしてみると、はっとするような箇所がいくつもあった。おそらく緊張は十分に解けることなく、島田さんの言葉を咀嚼できずにいたのだろう。幸いにも、今回のインタヴューは活字となり、さらには動画の記録としても残っており、そのアーカイヴは何度でも見直すことができる。

作家島田雅彦の活動は多岐にわたっている。在学中の二十二歳の時、『優しいサヨクのための嬉遊曲』でデビューを果たし、芥川賞に六回ノミネートされ、いずれも落選（これまでの最多記録）。小説以外にもエッセイや戯曲も手がけているほか、マスコミへの露出など、その活動範囲は「文壇」という枠組みを越えている。活動の中心をなす小説を見ても、発表された単行本は約四十点に及び、その全貌を九十分のインタヴューで描き出すのはできるものではない。だが核となる部分には触れることができたように思う。それは何よりも、質問に丁寧に応じてくれた島田さんのおかげである。この場を借りて、島田さんに感謝したい。

今回のインタヴューで再認識したのは、作家島田雅彦の作品世界の奥深さだ。ロシア文学、漱石論、ニューロン、戦後、縄文文化、ＤＮＡなど、さまざまなトピックが次から次へと飛び出し、多様な生への関心に裏付けされた物語世界の裏側を少したどることができた。今回、三冊のうちの一冊として選ばれた『徒然王子』は四世代の前世にわたる広大なスケールの元に構想された作品だが、同作について、『ロード・オブ・ザ・リング』を意識して書いたという発言を聞いてなるほどと思った。読み物としての快楽と神話としての奥行きを兼ね備えた物語になっているからだ。

インタヴューの最後では、三作品に通底するモチーフとしての「歴史」について尋ねたところ、「ヒストリー」を大きな物語としての物語記述から抜けるような「ヒズ・ストーリー」として解釈しているという答えを聞き、島田雅彦という作家の文学観の一端を垣間見たような気がした。今回取り上げられた『退廃姉妹』や『彼岸先生』もまたそのような姿勢が貫かれているからだ。もちろん、ありきたりの歴史小説とは異なり、島田雅彦の作品には、ほかの作家にはないユーモアが介在している点も特徴的だ。

インタヴューでは触れることができなかったが、島田雅彦はよき読み手でもある。『小説作法ＡＢＣ』では小説の技法を説きながら小説の読み方と可能性を鮮やかに示し、近著『深読み日本文学』では、『源氏物語』以来、井原西鶴、谷崎潤一郎と続く「色好み」文学の系譜をたどり、日本語文学の新たな見取り図を提示している。そのような見取り図は、島田雅彦という作家を位置付ける時にも援用できるだろう。つまり、現代文学という文脈だけではなく、中世以来の日本語文学という広い文脈に作家を位置付けることだ。そうすることで、島田雅彦の小説世界の奥深さと広がりをあらためて意識することができるだろう。

インタヴューが終わってから、『虚人の星』で第七〇回毎日出版文化賞を受賞されたという知らせが飛び込んできた。そう、島田さんとのインタヴューはひとまず終わったが、島田雅彦という作家の軌跡は閉じられたわけではない。作家島田雅彦との対話は作品の読解を通して、これからも続けることになるだろう。

島田雅彦

阿部賢一✷
Abe Kenichi

一九七二年、東京生まれ。東京外国語大学、カレル大学、パリ第四大学で学ぶ。博士（文学）。現在、東京大学人文社会系研究科准教授。チェコを中心とする中東欧の文学・美術、シュルレアリスム、比較文学に関心を寄せている。著書に『イジー・コラーシュの詩学』『複数形のプラハ』『カレル・タイゲ　ポエジーの探求者』など、訳書にアイヴァス『もうひとつの街』『黄金時代』、クラトフヴィル『約束』、フラバル『剃髪式』、オウジェドニーク『エウロペアナ　二〇世紀史概説』（共訳、日本翻訳大賞受賞）などがある。

「生き残った罪」を考えながら、それがあるから書いてきた

林　京子

✷

「祭りの場」
（1975）

「長い時間をかけた人間の経験」
（2000）

「トリニティからトリニティへ」
（2000）

［聞き手］
関口涼子　平野啓一郎

林京子 ✷

Hayashi Kyoko

一九三〇年、長崎県生まれ。長崎高女卒。上海で一四歳まで暮す。四五年、帰国。兵器工場に動員され、勤務中に被爆、爆心地から一・四キロの地点だった。その体験をもとに書いた「祭りの場」で七五年、群像新人賞、芥川賞を受賞。八三年『上海』で女流文学賞、八四年『三界の家』で川端康成文学賞、九〇年「やすらかに今はねむり給え」で谷崎潤一郎賞、二〇〇〇年『長い時間をかけた人間の経験』で野間文芸賞、〇六年に朝日賞を受賞。小説に『ギヤマン ビードロ』『ミッシェルの口紅』『無きが如く』『道』『谷間』『予定時間』『再びルイへ。』など、エッセイに『ヴァージニアの青い空』『瞬間の記憶』など。二〇一七年二月死去。

「生き残った罪」――オバマ大統領の広島訪問に思う

平野　今回の〈現代作家アーカイヴ〉では、林京子さんにお話を伺います。よろしくお願いいたします。林さんは一九三〇年に長崎にお生まれになり、少女期はお父様の勤務地だった中国・上海で過ごされて、一九四五年春に帰国。その年の八月九日、十四歳のときに長崎で被爆され、その体験を原点として作家活動を続けてこられました。

二〇一六年五月、アメリカのオバマ大統領（当時）が広島を訪問し[*1]、平和記念公園で原爆死没者慰霊碑に献花して追悼演説を行いましたが、これはご覧になられましたか。

林　テレビで拝見しました。あのときのオバマ大統領の表情をテレビで見て、「ああ人間でよかった」と思いました。これまでの誰かのように、もう何だかべらべらと能面みたいなお答えばかりされると嫌でね。けれども、オバマ大統領の姿を見て安心しました。一番には何でしょう、初めてすっきりしました。

平野　そう感じられたのですね？

林　被爆した側は、「生き残った罪」というのを面と向かって言われるんです。私もよく

＊1　アメリカのオバマ大統領（当時）が広島を訪問　二〇一六年五月二七日にバラク・オバマ米大統領が被爆地・広島を訪れて、原爆死没者慰霊碑に献花した。第二次世界大戦のすべての犠牲者を追悼するとともに、核兵器なき世界の実現を訴えた。原子爆弾を使用した国の現職大統領が被爆地・広島を訪問したのは初めて。

言われました。「被爆者が生き残った罪とは何だろう」とずっと考えてきました。でも、オバマ大統領のあの顔を見たとき、「それならば、私は学徒動員によって三菱兵器工場で働いていましたから、小さな戦犯として、無意識な戦犯として罪を受けよう」と思いました。そのときに、とても気が楽になりました。

　これまで「生き残った罪」と言われて、わからなかったんです。十四歳のときに、被爆した長崎のなかを逃げて、とにかく生きていたくて一生懸命に逃げて。はっきり言うと、人様の死なんて目に入らなかったです。もう、むごいものが現実としてあるのですよ。けれども、自分が生きているということだけで嬉しくて。逃げて、逃げて、それで死と生に分けられた。死か生か、あそこの場では偶然ですね。それなのに、「生き残ったことに罪を感じないか」と言われて、「罪とは何だろう」と。

関口　それは、日本人がそのように言うのですか?

林　日本人です。

平野　「サバイバーズ・ギルト」という英語の言葉が心理学でよく使われているようですが、大災害とか大きな戦争の後に生き残った人たちが、「なぜ自分だけが生き残ってしまったのか」と罪悪感を感じてしまうことがあるのですね。

林　自分自身の問題としてね。

平野　原民喜[*2]の作品などを読んでも、「なぜ自分だけが広島で生き残ってしまったのか」

ということを繰り返し書いています。二〇一一年の東日本大震災の後も、津波を逃れて命が助かった人たちが、「お父さん、お母さんが死んだのに、なぜ自分だけが生き残ってしまったのか」と思ってしまう。それは悪いことではないのだけれど、なぜか罪悪感として受け止めてしまうといった現象があり、それについて精神科の医師たちの間で話し合われていました。

林さんも、兵器工場で働いていたということはもちろん事実としてあったと思うのですが、そうでなくても何か心理的に、自分が生きていることに対して自責の念を感じるということなのですね。

林 そうですね。私は小さいとき、死んでいった友人たちも生きていたかっただろうにと、それに対する自責の念みたいなものはあったけれど、意外に私自身の問題ではないという割り切り方があったんです。子どもだからできていたんですね。でも、「生き残った罪」を言われるたびに、ずーっと考えながら生きてきて、それがあるから書いてきたようなものですよ。

けれども、広島でのオバマ大統領のあの表情を見たときに、十字架にかけられたキリス

＊2 原民喜 一九〇五 - 五一年。詩人、小説家。広島で被爆した体験を詩「原爆小景」や小説「夏の花」などの作品に残した。

トのようで深刻だけれど、「ああ」と思って非常に気が楽になりました。私自身が助けられました。被爆者ではない方たちでも、「自分自身もあれで助けられた」と仰っている方がいました。

「祭りの場」――広島の苦しみを私は話せない

平野　あのとき、オバマ大統領に長崎にも来てもらいたいという思いはありましたか。

林　いえ、それはないです。私は広島と長崎はイコールだと思っていますから。けれども、私自身は、広島に足を踏み入れることはこれまでずっとできませんでした。

平野　そうなのですか？

林　一度だけ、雑誌の企画でどうしても行かないといけないときがありました。そのときは、いろいろなものを見ました。原爆ドームにももちろん行きました。でも、「これが爆心地の中心だ」といって鉄骨だけになった建物を説明されても、きれいだなと思って見るだけで。足がこうすくんでしまって、地面を踏むことが申し訳ない。亡くなられた方がたくさんいますからね。それは長崎も同じです。

だから、私自身は「広島の苦しみを私は話せない、話したらいけない」と思っていますね。そういう妙な感覚があります。罪の意識か、それとも悲惨さの違いを軽々しく比べたらいけないという理由か、それはわかりませんけれども、私は広島には手をつけてはいけないと思っています。だから、広島に行ったのはその一度だけで、自分から進んで行くチャンスはなかった。

平野　広島に一度だけ行かれたのは、戦後かなり時間が経ってからのことですか？

林　はい、もう本を書き始めてからです。ただ、どうしても広島と長崎で比較してしまうこともある。「ああ、広島にはちゃんと学徒の碑があるのに、長崎にはないなあ」とか。私たちの学校には、亡くなった人の名前を刻んだ碑がなかったんです。でも、あるとき友人たちが、一生懸命探していたんでしょうね。私が動員していた三菱兵器の敷地のなかの工場のところに、私たちの学校の専攻科の三学年、本科の四学年と合わせて全体で百七十数名の名前、それと先生の御名前も刻んだ碑があったんです。それが六十年ぐらい経ったときに初めて見つけられて、かなり経ってしまいましたけど、その名前の前で私たちの学年だけで慰霊祭をしたんです。八月九日にね。

私は転校生だからいつもよそ者だったんですよ。けれども、お友達は小さいときからそこで育っているので、一つ一つ名前を見て、「はあ、ここにおんなったっとね」と長崎弁で言う。それで私も初めて、そこに名前のある人たちは亡くなったんだと実感したんです。いなくなったのは知っていても、実態は見てないから、「どこに行ったんだろう」というような感じでいましたのでね。でも、その名前を見たときに、「ああ、現実だったな」とそういう気持ちになりました。先生三人の御名前もちゃんと刻んであってね。それが一番初めのけじめでした。それから毎年、「長崎に行かなくていいのかな」と思いながら、神奈川県の大船に原爆慰霊碑[*3]がありますからね、あそこに行くということにしているんです。

関口　「祭りの場」のなかで、昭和二〇年の十月にひと月遅れて始まった二学期の始業式の日、追悼会が行われたときのことを書いていらっしゃいますね。そこでは、「担任教師が教え子の氏名を呼ぶ。惜しみながら呼ぶ」と書かれてあります。あのような出来事のなかで、名前の持つ意味はたいへん大きいものがあると感じました。

林　そのときは講堂で追悼会があって、学年主任の先生が巻紙に毛筆で名前をお書きになって、それが舞台に四、五列ぐらいある。その巻紙から、先生が亡くなった生徒の名を読み上げるんです。こちら側には、私たち生き残った子たちが椅子に座っていましてね。

私は幸い髪の毛は抜けませんでしたけど、もうその頃は生き残った子も髪の毛が抜けて、坊主頭の少女たちが制服を着て座っていました。顔もこう引きつったりしてね。そして私たち生徒の席の周囲には、亡くなった子たちの父兄が立っていらっしゃる。そうすると、嗚咽が聞こえてくるんですね。父兄の方々は、はじめは空《くう》を見つめていらしてましたけれど、だんだん耐えられなくなって泣き伏して……。そのときは、生き残って悪かったと思いました。亡くなった子の母親たちの嗚咽に身を刺されるようで、生き残ったのが申し訳ない、と。そのときは本当にそう思いましたね。

私が上海から帰国して転校した学校は非常に競争の激しい学校で、入学したときには皆さんそれぞれ目標を持って入っているんですよ。「卒業したらどこに行こう、勉強してあそこに行こう」と、そういう意識の人たちが多かったので、名前から「あの子、どこどこに希望していたのに」というようなことを聞いてね。

朝に約束したのに会えないという不思議さ

関口 「二人の墓標」のなかでも、洋子が亡くなって、生き残った若子に対し、村の人々が口さがないことを言う場面があります。これを読んで、実際にも、そういうことが随所であったのではないかと想像しました。生きていくことの方がよいはずなんですが、周りでたくさんの人が亡くなっているなかで、生きているだけでそれが罪であるかのように思わされてしまうわけですね。

林 あれは一生懸命に考えて書いたんですね。創作といえば創作でしょうけれども、生き残って、ひどいことを言う人たちを私もやはり避けました。私は見た感じでは何もないわ

＊3 神奈川県の大船に原爆慰霊碑 一九七〇年、被爆二十五周年にあたる事業として神奈川県原爆被災者の会が、大船観音寺の境内に「原爆犠牲者慰霊碑」を建立。

けですよ。ですから、目を伏せたりしていました。十四、五歳ですからね。でも、そうしている私だって忘れてしまって、「あら、どうして手が伸びないの？」というような不用意なことを人に言ってしまうんです。その人は、手が引きつっているわけね。そういうぶつかり方では、非常に精神的に負担がありました。

関口　ものすごく大きな事柄を経験して、そこから自分だけ生き残ってしまったときの体験は、一人一人全く異なっているのだろうと思います。東日本大震災のときにも、そこで津波にあった人、原発の近くにいた人、それぞれが受けた体験や痛みは個別のものであり、誰にとっても一様の体験はあり得ない。悲劇は一つですが、その悲劇をどう受け止めるかは個人によって全く違うものなのでしょう。

林　はい、そうです。ただ、私は上海から引き揚げてきて、転校して二カ月くらいしか経っ

如何なれば膝ありてわれを接《うけ》しや——長崎での原爆被爆の切実な体験を、叫ばず歌わず、強く抑制された内奥の祈りとして語り、痛切な衝撃と深甚な感銘をもたらす林京子の代表的作品。群像新人賞・芥川賞受賞の『祭りの場』、「空罐」を冒頭に置く連作『ギヤマン ビードロ』を併録。（本書紹介より）

『祭りの場・ギヤマン ビードロ』

（『祭りの場』講談社、一九七五年／『祭りの場・ギヤマン ビードロ』講談社文芸文庫、八八年、「祭りの場」「二人の墓標」など所収）

てなかったということもありまして、その土地にずっと暮らしていた人が受けた傷や痛みのようなものはなかったんですね。お友達の死に対しても、そういう強い、引き合うような心理的なものはあまり感じなかったんです。

ただ、とにかく不思議だなと思ったのは、朝、「今日は何時に工場の門のところで待って、一緒に帰ろうね」と友達と約束したのが、待ち合わせた時間には、もうその門さえなくなってしまって、約束した友達とも会えない。「何でだろう」と。朝に約束したのに会えないという、その不思議さ。それをとても強く感じました。事実から遊離したところで、気持ちだけが非常に不思議なんです。それ以上のことは何もなかった。その不思議をずっと引きずって生きてきたような気がします。それが生だとか死だとか、そういうところまで行きつけなくて。あとになって一つ一つはっきりするということが出てくる。

ですから、ばさっと生と死を教えられたような気がしています。そのときまで、私は命というものを考えたことがなかった。病気をしても自分はただ寝ていればよかった。お医者様や両親や周りの者が助けてくれるので、寝ているだけでよかったわけです。だから自分の命だけれども、誰の命かわからなかったんです。でも、あのときだけは、「これは自分の命だ」と本当に思いました。私が愚かなせいで、あのときに生まれて初めて、「ああ、自分の命なんだ」と実感しましたね。

八月九日の死は人間の死ではない

関口　「二人の墓標」で、原爆投下の日、大勢の人が腹這いになって川の水を飲んでいるくだりで、上海時代の記憶が蘇るという場面があります。それは、黄色い河を幾体もの水死体が船に引かれていく光景を川岸から眺め、女の子が指をさしながら数えた、というものでした。昭和の初めは、いまよりもずっといろいろな人たちが、死に対して近かった時代ではないかと思います。ただ、それはあくまでも「一般的な死」であって、本当に「自分の死」ではなかったのではないかと、話をお聞きして思いました。

林　あの上海での黄色い河を流れていく死を見た記憶というのは、私は小学校のまだ四、五年生でしたからね。水上警察の巡視船が、ロープでつないで水死体を引っ張っていくわけですね。人間だけではなくて犬もいて、多いときは五、六体が引っ張っていかれる。それを見ていて、「あ、死ってこんなもの」とオブジェを見ているような感じでした。だから受け入れられるのです。「ああ、そうか、死ってこういうもの」と。

うちの母は、「人間は立派なんだ、犬猫と違います」というような教育をする人でした。「でも、犬も猫も人間も同じなんだ」と、私はそういう光景を目で見せられていたので思いました。船に引かれていく亡くなった人たちは、それぞれ死んだ瞬間の悲惨な格好をしています。助かりたいと手を上に伸ばしていたり、片足を上げていたりね。けれども、その死はみんな自分のものなんですね。一枚の皮のなかに自分自身の良いことも悪いこともみんな包み込んでいる。そうやって黄色い水のなかに波を立てて、引っ張られていく。その死は、私は人間の自然な死として見ていたんです。「これが死だ」と。でも、八月九日の死は、あれは人間の死ではない。

関口　われわれは、誰もが死からは逃れられないけれども、それが自然に訪れた死なのか、それとも否応なく生をもぎ取られた死なのか、それによって全く性質が変わってくるでしょう。他の生き物と同じようにいつかは訪れる「あり得る死」と、全く異なった悲劇としての八月九日の「あり得ない死」との違いは、作品のなかでも繰り返し述べられています。

一方で、『上海』には、自分は「十四歳の八月九日で終わっていた」とも書かれていて、そこでご自身のなかの時間が切れてしまっているということなのだ、と思いました。それは、先ほどの話にあった、門のところで待ち合わせしていた友達と会えない不思議な感覚

『上海』
（中央公論社、一九八三年／中公文庫、八七年／『上海・ミッシェルの口紅』講談社文芸文庫、二〇〇一年）

にも通じるかと思います。時間が揺さぶられ、あり得ない形で切られた日としての八月九日を、読んでいる私たちは感じます。

林 それは本当にそう思います。私は八月九日に逃げながら、自分の命を本当に知ったんです。自分の命というものを初めて知って、「命は私のものだ、他人がとやかくするものじゃない」という意識が非常に強かったんでしょうね。そうして大人になってから、上海の水死体と原爆の死はどう違うかと、命に対する自覚が出てきたのだと思います。上海の水死体、そして自然で死んでいった死、他人が殺したのではない死では、自分ですべてをもっていけます。それはもう理屈も何もなくて見たままの感情ですけど。でも、八月九日はそうではなかったんです。

とにかく家や畑があった、そこを逃げているんですが、何もなくなっているんです。土の上には緑もない、作物もない。そこに、焼けただれて見事に一糸も布きれがついてない、真っ赤になって目も鼻もわからない人の体が、とにかく土の上にみんな投げ出されている。「どうして家がないんだろう」と、それさえ私はわからないで逃げている。むしろ「何でお家があったのが土の上なんだろう」とか、そんな感覚になってきて、すべて不思議なんです。そしてそういう状況がずーっと続くわけです。

それで爆心地に行ったら、そこには本当に何にもない。家はもちろん跡形もない。整地された宅地みたいです。牧師か神父かわかりませんけど、焼け跡に立って、神の国だとか何だとか、「美しい」というような言い方をしていて、それを聞いて私は非常に腹が立ちました。たしかに本当に美しいと思うだろう、と。見事に何もないですものね。でも、これが神ではなく人間のやったことだとわかって見たときには、「何を言ってんだ」ということになりますね。

関口　大きなショックを受けた人は、目の前にある状況をすぐに理解できず、「なぜだろう」と第三者のように感じてしまうと聞いたことがあります。その後、ご自身でも「私はずっと八月九日と向き合って生きてきた」とお書きになっていますが、それは、本当ならば門のところで一緒に帰るはずだった友達を待ち続けているかのように書き続けていることでもあるのだろうという気がします。つねにその日付に何度でも戻っていく、林さんにとって書くとはそのようなことでもあるのでしょうか。

林　そこが起点なんです。戻ろうという意識はないんですけどね。でも、いままで生きてきた命の原点はそこにしかないわけです。ですから、何かあるとそこに戻ってしまう。それは自分だけの問題ではなくて、原爆症の遺伝の恐れがある息子の問題でも何でもね。八月九日は、私にとって決して幸せなことではないんですけれど、何かを考える起点はこの日にあるのです。

別れた夫が、「戦争はみんな悲惨なんだ、君だけじゃない、原爆だけじゃない」と言ったんです。そのとおりなんです。でも、「あなた、あそこに行って見てきて」と、「これが人の死であるかどうか見てきて」と私は思うんです。「人の死とは何ですか」、「命とは何ですか」ということなんです。あそこで私が見せられたのは、そういうことなんです。だから理屈なく、戻ってしまうんですね。

「長い時間をかけた人間の経験」を書き続ける

関口　何も終わってないということですね。そこにまた福島の原発事故のようなことが起こってしまったわけです。「被爆者は人類の被害者だと私は考えています。でも、世界は逆行している、あと一度原子爆弾が落ちなければ人は目覚めないでしょう」、率直な思いを私はいった」と、「長い時間をかけた人間の経験」のなかでお書きになっています。それに近いことが福島でもう一度起こったのに、私たちの日本社会は本当にそれを理解しているのか、と考えたとき、何一つとして終わっていないのでは、という気がします。

林　私はあんなに力が抜けたことはないです。八月六日と九日、これが本当にこの国の人にとって何だったのかということ。そして、三月一一日が同じだということをわかっていない。もちろん私は学者ではないので、核物質とか放射能というものがどこまで人間の遺伝子や何かに影響するかということはわかりません。でも本を読むと、しっかりとデータは出ていいます。それの証明ができないだけの話。でも原爆と原発は決してイコールになってなかったんだと思った。過去にこんなに多くのデータがあるのに、こうして実験材料があるのに、「おお、もったいない」と思いました。

福島の原発事故の前に書いた「長い時間をかけた人間の経験」、この題名は編集者の中島さん[*4]からいただいた葉書に書いてあった言葉なんです。そのときに私は「もう書く気がない」と言ったんですね。当時、福島の前ですから、いまから考えればまだ柔らかい質問でしたが、生きている罪悪みたいなことを年中言われていたわけです。八月九日を書いてきているので、「罪悪感はないのか」とか、また言われるんだと思い、ちょっと愚痴を中島さんにお話ししたら、「そうじゃないでしょう?」と、長い時間をかけた人間の経験を書くのが、初めてその体験をした人間の義務なのではないかと、そういうことを仰った。

中島　そうですね。八月九日にご自身のなかで全く受け入れられない経験をしながら、その後、自分が何を感じてきたか、身体がどう変わってきたか、そういう変容を重ねて一日一日を過ごしてこられたと思うんですね。

一方で、原子力という人間が作ったものによって、多くの人間の命が断ち切られた事実は厳然として変わらない。そうした事実を一人一人の被爆者がどう感じてきたのか、長い時間が経つなかでどう変化してきたのか。そういうこともすべて、人間はこれまで経験が

＊4　編集者の中島さん　本インタヴューにも参加している。後述の石坂さんも編集者。

八月九日にすでに壊された〈私〉。死と共存する〈私〉は古希を目前にして遍路の旅に出る。〈私〉の半生とは一体何であったのか……。生の意味を問う表題作のほか、一九四五年七月世界最初の核実験が行われた場所・ニューメキシコ州トリニティ。グランド・ゼロの地点に立ち《人間の原点》を見た著者の苦渋に満ちた想いを刻す「トリニティからトリニティへ」を併録。野間文芸賞受賞。（本書紹介より）

『長い時間をかけた人間の経験』

（講談社、二〇〇〇年／講談社文芸文庫、〇五年、「長い時間をかけた人間の経験」「トリニティからトリニティへ」を所収）

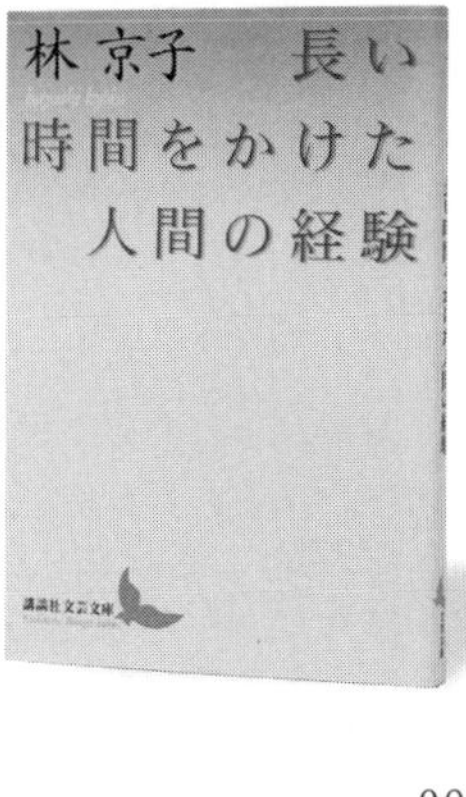

なかったわけです。

原爆がどれだけ人類に影響を与えてきたのかということを、身をもって体験されているわけですから、それを書き続けられることはすごく貴重なことではないかと申し上げたのです。

林　私には無理だったんです。現実に友達の肉体の上に、悲惨な経験がどんどん起きているわけですよ。戦後、原爆症が出たり、死んでいったり。でも、国は原爆症認定をみんな却下ですよ。何も医療費がほしいとかじゃないんです。本当にそうなんです。けれども、人として認められるということはなくて、被爆二世の子どもの問題とかもあって、もう嫌気がさしていたのね。現実は日に日に起きて来ているから、書く材料は確かにあるんです。

でも「力尽きて、もう書くのは無理だ」と。そういう言い方をしたときに、中島さんはこう仰った。私はあのとき、「あ、そうなんだ」と思って、「これ、ください」と言ったの。葉書に書いてくださった内容ですね。そうしたら、「使っていいですよ」と。それで書けたんです。

「そうなんだ。私が目指していたのはこのことなんだ」と思いました。それを書いてきたつもりでしたが、今日に友達の死が知らされた後、また明日に別の死が伝えられるという、そういう状況のなかにいながら、それを書けないとは何てばかなんだろう、と。そうして「長い時間をかけた人間の経験」という題をいただいて、それからずーっとこれが書けたんです。そうしたら、友達が「あなたの題名ではない」と言うの。「失礼なこと言うわ」と思ったけど、でも、それは本当なんです。これは盗題なんですよ。

一人一人で異なる被爆体験

平野　私は林さんの作品で好きなものがたくさんありますけれど、やはりこの「長い時間をかけた人間の経験」は一番感動した作品の一つでした。

林　そうですか。ありがとうございます。私は平野さんがいらっしゃるとお聞きして、こちらはまだ存じ上げないのでどういう方かと尋ねましたら、紹介のコピーをくださって、それによると一九七五年生まれですよね。「そうか、私が書き始めたとき、オギャーと言ったんだ」と思って、その頃のことを思い出しました。

関口　私もこの作品は圧倒的な作品だと思います。お遍路を歩きながら本当にいろいろな声が聞こえているというところ、あれが書かれているからこそ、私たちもその声を聞くことができるのだと思いました。「私」と「カナ」の二人が聞いていた声、それから私たちに聞こえてくる声、それらが重なってさまざまな声が聞こえてくる。この作品がなければ、私たちのところまでには届かない声だと思うんですね。とてもか細い声、闇のなかでだけ聞こえてくる声、それらはやはり書かれるべきであり、書かれたからこそいまここにあるのです。愚直な言い方ですけれど、そうしたことが本当に文学の意義であるように思うのです。

林　いえいえ。今日、私は一生懸命探していたんです。このときの、彼女（カナ）の日本手拭。もう彼女は亡くなりましたけどね。長崎に代々続いた医者の家のお嬢さんで、一人娘でいらした。彼女が「いつか二人で回ろう」と言っていたんです。でも先に逝ってしまって、それで私が一人で回ったんですけれど、彼女からもらった日本手拭を持ってずっとご朱印をいただいて回りました。その手拭を探したんだけれど、仕舞い込んでどこに入れたかわからないんです。朱肉の匂いが出てきて、ちょっと滲んだりしてね。お見せしたかったのですけど。

関口　読んでいるだけでも、例えば、ご朱印を押されていって手拭がかすかに重くなっていくとか、それが暑くなってくるとご朱印の匂いが出てくるとか、その手拭がまるで目の前にあるかのような感触がありました。

林　そうですか。

平野　私は、「闇のなかで語りましょう」という女性のエピソードが、やはり印象的でした。農家に住み込みで働いていて、そこの仕えている家の奥さんから旦那さんの寝間の相手を頼まれてとか、行く先ざきで旦那さんに抱かれてという、彼女の人生にそれほど多くのページが割かれているわけではないんですけれど、とても印象的でした。被爆体験として語られる話のなかには、なかなか入ってこないような、それぞれのありようがあるんだと思いました。

最初の話にもあったように、個々の被爆体験があって、同じ被爆者同士であったとしても、他者の被爆体験をどのように語れるかという問題はたしかにあるのですね。広島のことは自分には触れられないと、林さんが仰る意味はとても深いことがわかりました。だからこそ、林さんはご自身の、まさに自分の命の問題を描き続けていらしたのだと思います。ただ他方で、林さんが出会われた人たちで、自分の体験を言葉としては残し得ないような人たちの話が、非常に文学的に、丁寧に掬い取られて描かれています。作品のなかで語られる主人公と、そうして出会う人たちの関係性そのものにすごく感動しました。

林　いま仰った、闇のなかで語らいをした女性の話は、創作で書いているんです。ざっくばらんに言いますね。あれはあるお医者様の先生から伺った話です。その先生は、彼女の話を聞いて、「とにかくあなたの体験は異常なものだから、壇上に上がって被爆者の証言として話してくれ」とお願いしたそうです。そうしたら、「明るいなかに自分一人で行くのは嫌だ」と言うので、「それでは僕がついていくから」と言って、二人で一緒に檀上に上がって、そばにいるなかで彼女が話したということを、先生が私に話してくださった。

いまの話のように、私は自分の社会的レベルの人たちの被爆しか知らないんです。日本に引き揚げてきて、「日本の社会とはこうなんだ」とわかったのは、日本の社会には階層があって、そこから何があったって抜け出せないということでした。

そういうことは被爆者の少女たちの間でももちろんあって、あの時代に女の子に中等教育を受けさせようという家は、ある程度豊かなのです。花嫁修行みたいな気持ちで学校に行かされていた人もいましたけど、みんな豊かで、そういう社会的なレベルにいるんですね。ですから、親が亡くなっても何かがあるんで、しっかりした教育は受けられるんです。そして私は、このレベルしか知らないんです。このレベルの痛い、痒いなんです。

ところが、ここには至らない、中等教育も受けられない少女たちもたくさんいて、その人たちの話を伺うとそれは凄惨な感じなんです。先生から彼女の話を伺ったとき、私は初めて、「ああ、階級ってすごいな」と社会の仕組みがわかったんです。私の体験とは全く違うと。そういうことで、闇のなかの話として書いたんです。

平野　あのエピソードだけでも、あの女性がどういう経済状態なのか、家庭のなかでどういう経験をしてきたかなど想像がすごく膨らみました。そこには本当にいろいろな体験があったということですね。

林　階級というのはすごいです、抜けられないんです。少し話が飛びますけど、女性が体を売るということについていろいろな議論がありますけど、私はいつも思うんです。子どもを食べさせて育てるために、そういう行為に走らないといけない人、そういう階級の人がいるんですよ。それを私は立派な職業だと思っているということがあったんです。

本当に、一律に言えませんよ。いろいろなことのどこを見るか、それによって違ってきます。自分がどこでどう踏みつけられたか、そういう現実は決して幸福ではないですよ。でも、その現実を私は書きたかった。私は思想の「し」の字も知らないです。本当に純粋に、もっと幸福にちゃんと生きていきたいというだけの話でね。ですから、あの女性の悲惨さも、単に肉体を売っているというだけではありませんよ、という感じで見てしまうんです。それが良いか悪いかはわかりませんけどね。

関口　一つの体験を十把一絡げにして他に広げてしまうのではなく、ここでこうして生きたということの固有性を、とても大事にして書かれているのだと思います。

日本は「手を伸ばせばぶつかる国」

関口　林さんは上海から引き揚げて郷里に帰ってきたら、周りの人から「あなたは外地でいい思いをして」みたいなことを言われたと、そんな話も作品のなかで書かれています。やはり自分が小さいときから日本と中国を行き来して、一つの国のなかだけで育ってこなかったことで、二つの国の違い、言葉や人などさまざまな違いを自然に感じていた部分もあったかと思います。一つの土地にずっといる人たちとは違った、ものの見方や感じ方を身につけていたのではないでしょうか。

林　上海の路地でよく使っていたのは「モンチサレ」という言葉です。これは「忘れた」という意味なんです。子ども同士で喧嘩して、いじめられるでしょう？　こうした、ああしたって子どもがいろいろ言うわけです。そうすると、中国の子たちは「モンチサレ」と言うんです。「忘れちゃったよ」と。上海語かもしれません。

関口　中国では、上海語もお話しになれたんですか。

林　いえ。中国では子どもでしたから、そういう現地の悪い言葉ばかり覚えました。ちゃんとした文章にならなくて、単語でぶつければいいという程度しかわかりません。そのなかでも一番役に立ったのが「モンチサレ」でしたね。

でも、そうやって生活の随所でいろいろなことを教えられました。朝、路地では、主婦たちがお鍋でおむつを洗っているわけです。それを「オツレシ」と言うのね。「オツレシ」とは「汚い」ということ。でもこれは、いまはおむつを洗っているけれど、後はちゃんと火にかけて物を炊くから、ちっとも汚くない、ということでもあるのね。

その思想が、私にあります。そういうことはやりませんけども、その基本を教えられて、それが私のなかで思想のようになったということです。母たちは、見た目で「これはいけません、あれはいけません」と言う。けれども路地の生活では、理屈ではなくても基本を教えてくれる。生活のなかで、「これ、ありなんだ」と思うわけですよ。ですから、日本に帰ってきて一番初めに思いましたね。「ああ、手を伸ばせばぶつかる国だな」と。本当に実感です。それから、日本では平気で人に向かって言ってはいけないことを言える。上海では、日本語の美しさというものを先生たちに教えられました。ぼかした言い方がたくさんありますでしょう?　ところが日本に来て、長崎の女学校に転校しようとしたときに、校長先生が「上海でいい思いして、だめになったら帰ってきたか」と言う。「あなたたちに食べさせるものはない」と言うんですよ。それを聞いて、人に言ってはいけないことを平気で仰るんだなと思いました。

女学校のクラスの仲間も、そういうことを平気で言いますね。例えば、先生が「あなた、ここの班長になってください」と、転校したばかりの私に仰る。私は「転校生で何もわからないのでできません」と言うと、「あーあ」とクラスの子が私に言う。その彼女に先生が指名すると、平気で「わかりました」となさる。そういうことがあちこちであるんです。だから、上海では日本語はぼかした言い方が多いと教えられていましたが、日本に帰ってきたらむしろ反対でストレートだったんですね。私が日本語の使い方を知らなかったのか。

平野　上海にいたときの方が、日本語にある種の美しい幻想みたいなものがあったということですか。

林　そうです。上海の女学校に入学して、そこの先生に初めに言われたことが、「わたし」という言葉は一切使ってはいけません。「わたくし」と言いなさい、と。上海は外地のせいで、そういう言葉が多かったのかもしれませんね。

関口　『予定時間』のなかで、上海での日本語はいろいろな地方から来た人が混ざってできた特殊な標準語、「上海の日本語」であるとお書きになっていますけど、いろいろな地方の方言が混ざり合って作り上げられる独特の日本語があったのでしょうか。

林　そうね。私は標準語が何かわからない。アクセントもどれが正しいかわからない。母

『予定時間』（講談社、一九九八年）

が使っている日本語も長崎弁のアクセントを持っていましたから。私も純粋の江戸っ子の友達から、「京子ちゃんのアクセント、おかしいわね」と言われました。江戸っ子だって江戸のアクセントがあるんじゃないかと思いますけどね。

でも、私は小学生のときに文章を褒められたんです。綴り方を書いたときに、先生が読み上げてくださったのが一つあるんです。それは上海で雷が鳴ったときに、私は小学生で怖くて母に抱きついたんです。そうしたら標準語できれいな言葉を使っていた母が、「ばかか！」って言ったんです。私はびっくりしてね。それを綴り方に書いた。最後のくりに、「母が「ばかか」と言いました」と書いたの。そうしたら、それを父兄会のときに先生が読まれたらしい。また母が帰ってきて「なんてこと書くの！」と。でも、私が褒められたのは、それ一つです。そのときに、「私、上手いんだ」と思った（笑）。

中島 先生は、林さんの観察力を受け止めて評価をなさったんですね。

林 はい。だって、それが書くということの原点みたいなものでしょう？

龍之介や安吾

平野 いわゆる文学少女だったのでしょうか。

林 いいえ。

平野　子どものときに好きだった作家はいましたか。

林　私が知っていたのは、芥川龍之介だけです。読んでいたわけじゃないですよ。「龍之介の本を持っていると箔が上がる」とお友達が言ってね（笑）。そしてあの頃、坂口安吾[*5]は人気がありましたね。「長い時間をかけた人間の経験」のなかにも出てくるミエという子が文学少女だったんですけど、彼女たちが龍之介とか安吾とか話していて、私は「アンゴって何だろう」と本当にその程度で全くわからなかった。

ただ、書くのは楽しかったんですよ。クラスで一番というぐらいにできる女の子が擬人法で書いたんです。煙に託してね。そのときに、先生がこれは擬人法だと仰って教えてくださった。「ああ、擬人法っていう書き方があるんだ」と、そういう吸収だけはしていたような気がします。

関口　それはまだ上海にいらしたときのことですね。

林　はい、上海で小学生のときです。そういうふうに擬人法を使えば、本当に自由に書けるんだなと思いました。そういう掴み方だけはできていたような気がします。

平野　被爆体験の後、それを作品にされるまでに少し時間を置いていますけれど、その間、ご自分の経験したことを文学作品にしようとするプロセスで影響を受けたり、念頭にあった作家はいましたか。

林　サンカ[*6]のことを書いた作家の三角寛[*7]だったかな。あの人の作品は面白くて、よく読んでいました。あとは吉屋信子[*8]も好きで、ああいう夢がある小説を書きたいなと思っていましたね。吉祥寺のおばさまとか、たくさん作品に出てくる。上海にいるときによく読んでいましたので、上海で「吉祥寺」という地名は覚えていました。

平野　林さんの文体は、中国の便器を洗うところから被爆体験の最も悲惨なところまで、何を描写されても真に迫ってくるような、すごいものを持たれています。いったいそれがどういう影響で形作られていったのか。特に誰かの影響を受けたということがあるのかなと思い、伺ってみました。

林　私の夫だった人は、新聞記者だったんですね。そして私は書く気が全くなかったけれども、彼は書く女性が好きだったようなんです。それで、私にも「書いてみなさい」と言って、「この話の起承転結を三十字で書け」というような言い方をしたんです。それが、新聞記者の一番初めに教えられることだったらしい。

＊5　**坂口安吾**　一九〇六‐五五年。小説家。作品に『堕落論』、『白痴』など。
＊6　**サンカ**　山地や里で過去に見られたとされる不特定の人々を指す。定住することなく、戸籍を持たないことも珍しくなかったという。
＊7　**三角寛**　一九〇三‐七一年。小説家。サンカに関する著作として『山窩は生きている』、『サンカ外伝――血煙旅日記』など。
＊8　**吉屋信子**　一八九六‐一九七三年。小説家。小説に『花物語』、『鬼火』など。吉祥寺のおばさま。

人間の普遍の問題を書く

林　「祭りの場」を書こうとしたときに、私はもうその頃には夫と別れるかどうかを決めて、それにあたって一つちゃんとしたものを書きたいと思っていた。それで書き始めたのが、「祭りの場」です。八月九日を書くときには、言葉が簡潔でないといけない、と。最初は記録を書きたかったんです。でも、記録はなかなか書けない。それなら簡潔にして、記録に近い、読み手に伝わる言葉で書こう。赤ちゃんのまんまは、まんま以外にない。そういうことだけを考えた。

ですから、一つ一つの言葉を全部辞書で引いて、そのなかで一番簡単な言葉を使おう、と。それだけは「祭りの場」を書くときに心得ました。そして、書いていって思い出したこと、書きながら気がついたことは、全部そこに詰め込んでいった。これは後の部分に書いた方が効果的だとか、そういうことはもちろんわからないし、それをする必要もないと思って、出てきたものはみんなブロックみたいにババババって書いていったんです。ですから、「この人は書けない」と批評が出ました。あの批評は当たっていると思います。

平野　でも、それであの表現力と文体が形作られていったというのが、ちょっとにわかには信じられないんですが？

林　そうですか、本当です。ですから、辞書だけは使いすぎて崩しましたね。言葉を全部引きましたから。

関口　「祭りの場」は勧告書から始まって、その後にお母さんが見たこと、ついで自分の体験と移っていきます。読んでいくと、単なる個人的な体験だけではなく、普遍的な体験でもある、その両方が感じられるようになっています。

林　私は「祭りの場」を書きまして、その頃、関東学院大学の学長さんがいらして、その方が主婦を集めて美術の講義をしてくださっていた。その先生のところに書いた原稿を持っていって、「「祭りの場」を読んでください」とお渡ししした。そうしましたら、先生は読み終えてから、「君、八月九日を書くんだったら、個人的な小説は書くな」と仰ったんです。「これは体験としては個人の問題だけれども、人間の普遍の問題だ。だから、普遍的なものに仕上げなさい。それがだめだったら書くな」と。

その後も、作家の中上健次[*9]、私が大好きな人なんですけど、彼が言っていたのは「泣き言を書くな」ということだったんです。「祭りの場」を書いた後だったと思います。ですから、私は「まだ泣き言を書いているのかな」と思っていた。そういう時代ですね。同人[*10]として中上健次から随分鍛えられました。

＊9　**中上健次**　一九四六 - 九二年。小説家。小説に『岬』、『枯木灘』など。

＊10　**同人**　一九六二 - 六九年に同人誌『文芸首都』に参加。同時期の同人に中上健次、津島佑子、勝目梓らがいた。

三十年を経てなお記憶は鮮烈に

平野　「祭りの場」は、最初は随分と改稿されたのですか。
林　いいえ。
平野　最初の原稿のままの形だったんですか。
林　はい。本当に、まるまるそうです。あのときは食べていかないといけないから、新聞の求人広告を見て、あちこちの試験を受けていたんです。小さなところばかりでしたけど。そのうち、四、五人しかいない業界紙に採用が決まって、五月の何日かに出社しなさいということになって、それまでにとにかく完成させなければと思って書いたんです。

でも、書きたいことは頭のなかにできていたんですね。同人にいましたから。百枚ぐらいの原稿を一カ月かからずに書き上げたと思います。そして、それを『群像』の編集長の大村彦次郎[*11]さんに送ったわけです。「彦次郎」という名前がいいなと思って。優しそうでしょう？　書いたままのものを「大村彦次郎様、林京子」で送ったんです。

そして私は勤めに出たんです。そうしたら、勤め先に電話がかかってきて、「新人賞の方に出していいか」という大村さんからの話だったんですね。前に同人だった頃、新人賞は狙った憶えがあるけれど、とても手の届かないところと思っていたので、びっくりして腰が抜けそうでした。それから少しして、今度は「新人賞に入りました」と電話がきて、そのときは本当に腰が抜けたんです。仕事が終わってみんなに「帰ろう」と言われても、腰が抜けて立てなくて、先に帰ってもらった。

「祭りの場」は、一か八かでした。あれがだめだったら、もう書くのをやめようと思って。そういう作品なんです。一九七五年ですから約四十年という年月が経っていますね。その頃にやっと書けたんです。

関口 やはりそれだけの年月が必要だったということでしょうか。

林 まず当時、夫と別れるという岐路ですね。働かなくては食べられないというときです。それでも、そのときは書きたいという気持ちが続いていた。文芸指導は、早稲田の保高徳蔵[*12]さんがなさっていて、夫だった人も早稲田だった関係で、あれが一番いいからと、彼が同人誌(『文芸首都』)を持ってきてくれたのが始まりだったんです。そういういきさつもあって、すべてがご破算になるという時期だったんですね。八月九日から三十年、考えればそういうことになりますけど、一番の理由はそれですね。

それと同時に、息子を鎌倉の中学に越境させて入れていたのですが、ある日コロッケを

＊11 **大村彦次郎** 一九三三年-。編集者、文芸評論家。講談社の『小説現代』、『群像』の編集長を歴任。著書に『文壇うたかた物語』、『東京の文人たち』など。

＊12 **保高徳蔵** 一八八九-七一年。小説家。三三年、同人誌『文藝首都』を創刊し、北杜夫、田辺聖子、中上健次ら多くの作家を育てた。小説に『孤独結婚』、『勝者敗者』など。

食べながら帰ってきたんです。「買い食い」という言葉があって、びっくりしちゃったんですね。「どうしたの?」と聞いたら、「お友達が買ってくれた」と言って。それを見たときに、「あ、私はもう死んでもいい」と思ったんです。「これなら息子は生きていける」と。私がお小遣いをあげてなかったから、お友達に買ってもらって、買い食いして二人で帰ってきた。一緒に悪いことができるお友達ができたということですよね。これで息子も独り立ちしたと思ったんです。

それまでは、この子が電気のスイッチに手が届くまで生きていようとか、何々ができるまで生きていようとか、そういうことばかり考えていたわけです。それは八月九日がありますからね。でも、そのときに「これはもう大丈夫だ」と、それもありましたね。夫と別れて、息子も独り立ちして、すべてが離れたときに、今度は何か自分の糧を探さないといけないということでした。ですから、あまり純粋じゃないです。

関口　八月九日が自分の原点であること、そして「祭りの場」をわずか一カ月ほどで書き上げたことを伺いますと、林さんのなかには八月九日の記憶は三十年という時間をまったく感じさせないものとして、当時のままにあり続けたのではと感じられます。それくらい、あの作品は昭和二〇年頃に書かれたものと言ってもおかしくはないほどの力を持っています。

林　鮮烈でしょう。でも、私はたまたまこういうふうにして場所を与えられているから書けますけど、そうでない多くの皆さんは、ご自分の体験をやはり話しませんもの。皆さんは封印なさっている。ですから同窓会の通知なども、娘さんがいる方は「出さないでくれ」と断ったりすることもありました。

そうかと思うと、ご主人が亡くなった方からご連絡があって、「これでもうみんないなくなったから、聞きたいことがあったら何でも話すわよ」と私に仰ることもありました。そういう何か、自分が体験を話すことを封印していたものが解けたときに、ふっと吹き出るものがあるんですね。

八月九日を書くのに余分な装飾は要らない

関口 「祭りの場」のなかで、「かぼちゃを食べなさい」と言われて、そのときに「火傷を負った人間の皮膚が太陽熱に乾くと、かぼちゃと同じ匂いがする」と書かれていたのですが、あっと思ったんです。その文章に立ち止まってしまうほどの衝撃を覚えました。多分そこで本当に感じた匂いなのだと思うのですが、それをこのように言葉にまでするのは大変なことです。

先ほど、他の方たちも封印してきたと仰っていましたが、ご自身にとっても三十年という年月を経て初めて、そのときに感じたことを言葉としてやっと落ち着いて出せるようになったのではないでしょうか。

林　ごめんなさい。私は、そういう高級なものでは本当にないんです。ただもう、子どもにどういう遺伝子の変化があるのか、子どもは八月九日のために何か悪い影響で死んで行くのではないか、それだけなんです。そうすると、とにかくできることと言えば、悲惨さを書いて「命につながる問題ですよ」と伝える。ですから、もう言葉になるとか何とか、そういうことも全然感じない。表現するときに、八月九日には余分な装飾は要らないんです。ですから、「これは簡潔な言葉じゃないと書けないな」ということだけは思っていました。

関口　「再びルイへ。」のなかでも、化学記号のような簡潔な言葉で書かれています。それは、いまでも続いているということですね。

林　そうじゃないと、嘘になるのではないですか。言葉はそれぞれにいろいろな解釈の仕方があります。ですから、できれば一つしか意味がない言葉で書きたい。そういうこと以外には、努力したことはありませんね。

平野　いつか息子さんが自分の書いたものを読むだろうということは、意識しながら書き始めたのですか。

林　いいえ。息子は読みませんね。

平野　全然読まれていないのですか。

林　いや、少しは読んでいるみたいですけれど。

平野　あまりそのことについて話し合ったりはされないんですか。

林　はい。ただ、大学一年生のときでしたかしら、息子が車を運転できるようになってね。横浜の方にある原爆関係の事務所に、「運転して連れていってあげる」と。そのとき、私が事務所の女の方とお話ししていると、「広島の被爆二世の坊ちゃんが続いて亡くなった」と、その人が仰ったんです。四畳半ぐらいの小さな事務所でしたので、息子はこっちの方で足を投げ出して本を読んでいたんです。

そうしたら、帰りに運転しながら、「刑期のない死刑囚なんて嫌だな」と言ったの。そのとき、私は本当に誰に謝ったらいいんだろうと思いましたね。あの子が被爆について言ったのは、そのときだけでしたね。責めたわけではないんですけれど、事務所の人との話を聞いていて、それがショックだったのか。息子は書いたものをほとんど読みません。でも、読んでいるような形跡はありますね。

『谷間・再びルイへ。』
（新潮社、一九八一年／小学館　P＋D BOOKS、一七年）

「トリニティからトリニティへ」——原爆に対するアメリカ人の意識

平野　林さんのご著書はいくつか英訳もされていますけれど、アメリカの人に読んでもらいたいというお気持ちはありますか。

林　ええ、あります。セルデン恭子[*13]というコーネル大学の先生が、学生たちのテキストにするというので、私の作品を翻訳して小さな冊子に閉じて読ませてくださったりしました。津久井喜子[*14]という方も、そういうことをやってくれたりしています。

関口　林さんの作品を読んだアメリカ人学生たちからの感想など聞いていますか。

林　はい、もらいます。彼女たちが私に送ってくれます。そうすると、「体験しないとわからない」とよく仰るけれど、それは嘘だなと思いますね。アメリカの学生たちも、しっかりと感情で理解するんです、それは深刻に。決して自分の国がやったことをよいとは言いません、そういう感想には、私はぶつかったことがないです。もちろん、彼女たちがそういう意見は分けて私に送ったのかもしれないけれど、やはりやってはいけないということをしっかりと理解してくれています。そして、その印象から受けたものを、芸術学部の学生たちはオブジェにしていて、自分でいろんな素材で造形をして展示することをやっています。

平野　一方で、「トリニティからトリニティへ」のなかでも、原爆に関わるミュージアムを訪ねると、土産物売り場にはキノコ雲を印刷したTシャツとかファットマン（長崎に落とされた原子爆弾の名前）の形のブローチが売られており、あれはアメリカが勝つために は必要なものだったという記録映画を白人の男性たちが見ているという光景もご覧になっている。それをご著書のなかでは、厳しくとがめたてるような口調で書かれているわけではないのですが、その場にはもういられないとか、展示を見ずに通り過ぎるとか、あるやるせなさのようなものを表現されています。

原爆投下から半世紀ほど経て、林さんも現地でご覧になったとおり、アメリカでは公式には、やはりあれは必要なことだったんだという歴史観に立って、八月六日と九日を解釈している。今日の最初の話で、林さんはオバマ大統領が広島に来て、その表情を見て気が楽になったと仰った。その話につながるのかもしれないですけど、アメリカ国民の大多数の人が原爆に対して持っているイメージについて、どういうふうに思われますか。

林　（息子の赴任に随伴する形で）アメリカに滞在したとき、普通は八月の終戦記念日にはみんなアメリカの国旗を立てるんですけど、隣家の人たちは私たち日本人に配慮して、星条旗は出さないでいてくださった。それと息子の勤務先の事務所にいるアメリカ人の女性

＊13　セルデン恭子　一九三六－二〇一三年。コーネル大学で日本文学を教える。日本文学の英訳を数多く手がけた。
＊14　津久井喜子　元明星大学教授。著作に『破壊からの誕生——原爆文学の語るもの』など。

秘書は、原爆に関する会合がどこであるとか、イベントがどこであるとか、そういう記事をみんな切り抜いて渡してくれました。

私はアメリカに行って、自分が被爆者だというばかなことは絶対に言うまいと思っていたんです。自分はお客さんでしょう？　客がそんなこと言えるはずないでしょう？　そう思っていたんです。けれどもある日、観光船に乗ったときに、アメリカ人の奥さんになっていて私を案内してくれていたお友達が、「この人は被爆者だ」と言ったんですよね。そうしたらアメリカの人が「おー」と、「でも、ここはアメリカ」と仰ったの。だから、そういう人ももちろんいるんです。当たり前でしょうね。日本でもそうであるように、アメリカでもさまざまな人がいる。私たちが思っているように、アメリカは原爆で勝ったという意識を持っている人はいるでしょうけれど。

トリニティの荒野は神様のみせしめ

平野　トリニティ[*15]はいかがでしたか。

林　静かでしたね。編集者の中島さん、石坂さんも一緒に行ってくださったんです。「本気なら行くよ」と仰って自費で一緒に。それでトリニティに行って、あのとき、お二人が後ろの方をちょっと離れて歩いていらした。私は嗚咽を察せられないかと心配で、もうこらえるのに必死でした。

トリニティは何もないですね。もちろん被爆者なので先入観があるせいでしょうけれど、遙か向こうに遠い山が少し見えるだけで、あとは要するにバラ線（有刺鉄線）。それで囲まれた荒野の、そこの真ん中に記念碑が建っているんです。爆発実験が行われた爆心地、「グランド・ゼロ」の記念碑です。そこまで行くのに板の橋がずっと続いていて、そこを歩いていきます。あのときの見学者は二百人ぐらいいたでしょうか。その人たちが「グランド・ゼロ」を目指して歩いていく。

朝九時頃でしたか、本当に音も何もしない、静寂そのもの。季節は十月を過ぎた頃でしたので、小さな枯れた草が生えているだけで、それがそのときの気候で枯れているのか、そういう状態が続いているのか私はわかりませんが、足首までないような草が生えているだけで、歩いていてもバッタ一つ飛び出さないんです。カラスもスズメもいない、本当に何もいない。

そこを歩いていると、周囲からしーって締め付けられてきて、そしてもう涙がこみあげ

＊15　トリニティ　アメリカのマンハッタン計画で「トリニティ・サイト」のコード名で呼ばれていた場所。ニューメキシコ州ソコロの南東。一九四五年七月十六日に地球上で初めて核実験が行われた。トリニティではプルトニウム原子爆弾の実験が行われ、同型の爆弾が後に日本の長崎に投下された。

てくる。なぜ悲しいのかわからない、悲しいのかどうかもわからない。アメリカの人たちも静かでしたね。私が印象に残っているのは、真っ黒なサングラスをかけた老人が、杖をついて一人でとことこと歩いている。その人はきっと復員兵か何かでしょうね。どういう思いでいらしてるかわからないけれど、その姿が非常に心に残りました。連れてこられた子どもたちだけは遊び回っていましたけどね。飛行機を飛ばしたりして遊んでいました。

その子たちくらいに私が小さかったとき、母に叱られて、よく泣いていないふりをして、嗚咽をこらえました。あのときと同じ感じで、あの場でも私は必死にこらえようとしていました。本当になぜ涙が溢れるのかわかりませんでした。ですから、記念碑の前で石坂さんが「写真を撮ってあげる」と仰ったけど、撮っていないんです。それは何でしょう、あの前では撮っちゃいけないとか、広島には行っちゃいけないというような自分をセーブする気持ちかもしれません。私自身、それが何なのかわかりませんけれど。

「グランド・ゼロ」のある区域に入るときに、「昨日、マクドナルド・ランチ・ハウスのなかにガラガラへビが初めて見つかった」ということを、女の人が見学者たちに言ったんです。だから「板橋の上だけを歩きなさい」と注意されました。私が訪れたのは一九九九年ですから、爆発実験からもう五十年以上が経っています。その間、へビが一匹もいなくて、昨日たった一匹初めて見つかったのかなと自分で想像しました。それくらいしーんとして何もないところを歩いていって、私は神様というのが何かわからないけど、これは神様の見せしめだと思いました。本当に何もない荒野。「人間がしたことは、これなんだ」という、神様が見せしめとして残したような、すごい場所でした。

関口　トリニティに行ったのは、やり残していることを片付けなければという思いからだったと作品に書かれていますね？

林　本当にそうでした。トリニティに行ったのは、あそこが「長崎の故郷」と言われて、長崎に投下されたプルトニウム爆弾の実験があったと知らされていたからです。「故郷」ならば、その原点に行ってみたいと思ったんです。そこに行けば、もうそれで一つの円環ができるのだから、そこで終わりにしようと思った。ところが実際に行ってみると、終わりにしようなんていうことではなくて、むしろそこで私は本当に被爆者になってしまいました。これは実感ですね。あそこでは、何か訳がわからないけど、どんな人でも頭を下げますね。

私がトリニティに行っていた間に、日本では東海村の臨界事故[*16]があった。このときは、何てばかな国だろうと思いましたね。忘れてはいけないことがあるじゃないか、と、トリニティに行く日を目前にして、私はアメリカの地でそう思っていました。

＊16　東海村の臨界事故　一九九九年九月三〇日、茨城県那珂郡東海村にある株式会社ＪＣＯの核燃料加工施設で発生した原子力事故。二名が死亡、一名が重症となった他、六六七名の被曝者を出した。国内で初めて、事故被曝による死亡者を出した。

平野　林さんは、「八月九日の死は人間の死ではない、人間としての尊厳を奪われた死だ」と仰っています。それは人間だけではなく、あらゆるものが焼き尽くされたのだということだと思いますが、「トリニティからトリニティへ」を読むと、あそこにいたガラガラヘビの存在と、どこかで直結しているように感じます。

長崎は「地獄絵」と書かれていましたけど、そのような光景があの静謐の風景描写と結び合っている。人間以前にすでに被爆していた存在があったということを体感なさって、それで地獄絵のようなご自身の体験が癒やされるわけではないですし、それがよいものに変わるわけではないんですけれど、何かものすごく静かな、大きなものに開かれていったような印象を強く受けました。ガラガラヘビの注意アナウンスのところが特に心に残っていましたが、話をお聞きして、そのつながりが自分のなかで見えてきたように思いました。

林　本当に何にもいないんです。私は逗子の奥の方に住んでいたので、秋になると草がはじける音が、ピチッ、ピチッってするのを聞いているんですね。でも、トリニティは何も音がしない。何もないというのは、いま仰った大きなもの、本当に訳のわからない大きなものに、人間のやったことが戒められている。「戒め」なんていう言葉でもないように思いますけど、人間はなんてすごいことを犯したのだろう、と。謙虚になったということよりも、無です。あれは峻烈でした。

平野　静寂の圧力がぐっとかかってくるような感じなのでしょうか。

林　はい。しーんとして、本当にそうです。それでいて、私はミュージアムの土産物売り場でブローチを買ってきたんですけどね。長崎に落とされた原子爆弾です。いまお見せしましょうか、小さなこんなものです。

平野　これを土産物として作るという感覚が、すごく遠いですね。

林　そうです。まあ、こういうことができる国なんだと思いながら、さすがに広島のものは買えませんでしたけど。

関口　林さんの作品はいま、まさに読まれるべきであると、今回しみじみ感じました。日本だけではなく、先ほども話に出たようにアメリカでも読まれてほしいです。

林　いや、もう書けません。まとまらないし。それと私の書いたものは、あんまり読まなくていい方が読んでくださるんです。本当に読んでほしい人は、読まないです。そういうことなんです。読んでくださる方は、読まなくてもわかっているんです。それは味気ないですね。

質疑応答1　得ることだけを考える日本人を憂う

平野　ちょっと漠然とした質問なんですけど、みんながいま、日本という国、あるいは日本人という人たちについてわからなくなっていると思うんです。これは十把一絡げでは言えないことですが、被爆体験もあり、また海外での生活もあり、ずっと文章を書かれてきたなかで、いまの日本および日本人について何かお感じになっていることはありますでしょうか。

林　ああ、それはわかりませんね。最初に引き上げてきたときに、明け方四時か五時くらいのまだ暗いときに長崎の諫早に着いて、決められた三十キロの荷物を一人一人が背負って船から降りていくと、ちょうど長崎の工場に出かけていく工員さんの人たちに出会ったんです。すると、その工員さんたちから「闇屋」と言われたんです。私は「闇屋」というのが何かわからなくて、闇のなかを歩いているから闇屋かな、くらいに思っていた。そうしたら母が、「日本人は変わったわね」と言ったんです。母は日本賛美者でしたから、そこで私は「闇屋」が褒め言葉じゃないとわかりますよね。

平野　東日本大震災で原発事故もあり、それ以降、政治的な状況も錯綜しているなかで、あらためて「日本とは何か」と考え直されることはありますか。

林　私は怖いですね。政権がどうしてあれだけの権力を持っているのか、そして臆面もなく次々に決議して、それに対して声を上げるのは本当に一部の人です。主婦たちを見ていると、年寄りもですけどね、豊かな生活だけが大切なのか、まだやることがあるのではないかと思う。お金の使い方でもそうですよね。

私がアメリカに行ったとき、紳士が車いすを押して病院の前で案内していたんです。ボランティアと書いているんですね。ご婦人たちのボランティアもたくさんいらした。そのとき、「社会に奉仕するということはすごい」と思いましたね。アメリカでは個人がしっかりしている。あちらの人と結婚している友達が言ったことで、「アメリカの婦人たちは、日本から来た駐在の人たちに英語を教えたり、いろんなことをボランティアでやっているけれど、日本の婦人たちは学校のボランティアになぜ出席しないのかしら。得ることだけじゃないでしょう?」と仰ったの。「ああ、そうなんだ」と思いました。彼女も精神病院に月に一回、何か得意な料理を作って持っていっているので、私にも一度見てみないかと連れて行ってくださったんです。

五十人ぐらい症状の軽い人たちが集まっているところに、ボランティアの人たちがみんな少しずつの料理を持っていって、配って食べさせる。ただそれだけなのですが、そんなに豊かではないような婦人たちが、そういうことをきちっとやっていらっしゃる。この国で生きているからという気持ちがあるのかな、と。彼女たちは、みんなそれぞれに宗教を持っています。私の友達はプロテスタントだったんですけど、宗教とはこういうことなんだと、そのときに初めて思いました。与えるけれど、得ることは考えない。本当にそうなんだと。

ですから、日本は呑気なのはいいけれど、そんないま呑気にしていられるときじゃないですよね。でも最近テレビを見ていたら、子どもたちがしっかりした発言をしていて少し安心しましたけれど。

平野　本当に長い時間、ありがとうございました。

関口　ありがとうございました。

（二〇一六年一一月一〇日、自宅にて収録）

*インタヴュー動画は、次のウェブサイトよりご覧いただけます（一部有料）。
［飯田橋文学会サイト］
http://iibungaku.com/news/9.php
［noteの飯田橋文学会サイト］
https://note.mu/iibungaku/n/n87f4158ff8837

関連年譜

一九三〇年（〇歳）　八月二八日、長崎県長崎市東山手町に生まれる。四人姉妹の三女。

一九三一年（一歳）　父が三井物産の石炭部勤務だった関係で、一家で赴任先の上海市密勒路に移住。

一九三二年（二歳）　第一次上海事変勃発によって、長崎の伯母のもとへ一時帰国する。

一九三七年（七歳）　上海居留団立中部日本尋常小学校に入学。七月、日中戦争によって長崎に一時帰国する。

一九四一年（一一歳）　一二月八日、上海にて大東亜戦争開戦に遭遇する。小学校五年に在学中であった。

一九四三年（一三歳）　四月、上海居留団立上海第一高等女学校に入学。

一九四五年（一五歳）　二月末、父を上海に残し、母と娘たちで帰国。京子は県立長崎高等女学校に編入し、市内十人町に下宿した。母とほかの姉妹とは、長崎県立諫早市に疎開。五月より三菱兵器大橋工場に動員される。八月九日、同工場で勤務中に被爆。爆心地から一・四キロの地点であった。多くの学友が亡くなるなか、命を取りとめるが、以後、原爆症による衰弱に悩む。同一三日に迎えにきた母に連れられて徒歩で、諫早の疎開地に赴く。同月一五日、終戦。

一九四六年（一六歳）　一月、父が帰国。一二月、GHQの財閥解体の覚書に従い、父の勤務先であった三井物産佐世保支店は閉鎖され、父が解雇された。

一九四七年（一七歳）　長崎高等女学校を卒業。父に代わって母が家政婦などをして生計を支えた。

一九五〇年（二〇歳）　京都市伏見区に下宿して、大阪にあった中国資料研究所に勤務した。

一九五一年（二一歳）　結婚を機に上京し、杉並区荻窪に住む。

一九五三年（二三歳）　三月、長男が誕生。健常児であったが、出産をきっかけに、原爆症の遺伝など被爆の世代間連鎖の問題に向き合うこととなる。横浜市篠原町に転居した。

一九五四年（二四歳）　逗子市新宿区に転居する。

一九六二年（三二歳）　保坂徳蔵主宰の同人誌『文芸首都』に加わる。小野京の筆名で小説を執筆し始める。同時期の同人に中上健次、津島佑子、勝目梓らがいた。以後、一九六九年同誌廃刊までに七編の小説と三編の随筆を発表した。

一九六八年（三八歳）　逗子市沼間に転居。一九七九年に高速道路建設のために立ち退きを迫られるまで、同地に暮らす。

一九七〇年（四〇歳）　父が享年七一歳で逝去。

一九七四年（四四歳）　『食料タイムズ』に以後一年半にわたり勤務。離婚。

一九七五年（四五歳）　四月、「祭りの場」で群像新人文学賞を受賞し、六月、同誌に掲載される。七月、同作品で第七三回芥川龍之介賞を受賞。八月、『祭りの場』を講談社より刊行。

一九七八年（四八歳）　五月、『ギヤマン ビードロ』（講談社）を刊行。同作品で芸術選奨新人賞の内示を受けるが、「被爆者であるから、国家の賞は受けられない」という理由で辞退する。

一九八〇年（五〇歳）　二月、『ミッシェルの口紅』（中央公論社）を刊行。

一九八一年（五一歳）　五月、『潮』の取材で広島を訪れる。六月、『無きが如き』（講談社）を刊行。八月、『自然を恋う』（中央公論社）を刊行し、戦後最初の上海旅行（六日間のパック・ツアー）をする。

一九八二年（五二歳）　一月、「核戦争の危機を訴える文学者の声明」に賛同し、署名する。

一九八三年（五三歳）　五月、『上海』を刊行し、同作品で女流文学賞を受賞。

一九八四年（五四歳）　一一月、『三界の家』（新潮社）を刊行し、第一一回川端康成文学賞を受賞。

一九八五年（五五歳）　六月、長男のワシントン駐在に随行して、アメリカ合衆国ヴァージニア州に転居する。ここで一〇月、初孫が誕生。

一九八六年（五六歳）　「戦争花嫁」として暮らす在米日本女性たちから話を聞くなど、アメリカ各地を精力的に訪問した。

一九八八年（五八歳）　六月、アメリカより帰国する。

一九九〇年（六〇歳）　二月、「やすらかに今はねむり給え」（『群像』）を発表し、五月に同作品で第二六回谷崎潤一郎賞を受賞。六月、同作品を講談社より刊行。

一九九一年（六一歳）　九月、母が享年八九歳で逝去。

一九九五年（六五歳）　一〇月、戯曲「フォアグラと公僕」がＮＨＫ／ＦＭでラジオドラマとして放送され、芸術作品賞を受賞。

一九九六年（六六歳）　七月、戦後二度目の上海旅行をする。

一九九八年（六八歳）　一一月、『予定時間』（講談社）を刊行。

一九九九年（六九歳）　人類初の原爆実験が行われた、アメリカ合衆国ニューメキシコ州の「トリニティ・サイト」を訪問する。一〇月、「長い時間をかけた人間の経験」（『群像』）を発表。

二〇〇〇年（七〇歳）　九月、『長い時間をかけた人間の経験』（講談社）を刊行（「トリニティからトリニティへ」併録）。一一月、同作品で第五三回野間文芸賞を受賞。

二〇〇五年（七五歳）　六月、『林京子全集』全八巻（日本図書センター）を刊行。

二〇〇六年（七六歳）　『林京子全集』にいたる文学活動の業績で、朝日賞を受賞。

二〇一三年（八三歳）　四月、「再びルイへ。」（『群像』）を発表。

二〇一六年（八五歳）　『谷間・再びルイへ。』（講談社）を刊行。

二〇一七年　二月一九日、逝去。

著作目録

小説

『祭りの場』講談社、一九七五年／『祭りの場・ギヤマン ビードロ』講談社文芸文庫
『ギヤマン ビードロ』講談社、一九七八年／『祭りの場・ギヤマン ビードロ』講談社文芸文庫
『ミッシェルの口紅』中央公論社、一九八〇年／『上海・ミッシェルの口紅』講談社文芸文庫
『無きが如き』講談社、一九八一年／講談社文芸文庫
『上海』中央公論社、一九八三年／中公文庫／『上海・ミッシェルの口紅』講談社文芸文庫

『三界の家』新潮社、一九八四年／新潮文庫
『道』文藝春秋、一九八五年／『やすらかに今はねむり給え・道』講談社文芸文庫
『谷間』講談社、一九八八年／『谷間・再びルイへ。』講談社文芸文庫
『輪舞』新潮社、一九八九年
『やすらかに今はねむり給え』講談社、一九九一年／『やすらかに今はねむり給え・道』講談社文芸文庫
『青春』新潮社、一九九四年／新潮文庫
『樫の木のテーブル』中央公論社、一九九六年
『おさきに』講談社、一九九六年
『予定時間』講談社、一九九八年
『長い時間をかけた人間の経験』講談社、二〇〇〇年／講談社文芸文庫
『希望』講談社、二〇〇五年／講談社文芸文庫
『谷間・再びルイへ。』講談社文芸文庫、二〇一六年

エッセイ・ノンフィクション

『自然を恋う』中央公論社、一九八一年
『ヴァージニアの青い空』中央公論社、一九八八年／中公文庫
『ドッグウッドの花咲く町』影書房、一九八九年
『瞬間の記憶』新日本出版社、一九九二年

『老いた子が老いた親をみる時代』講談社、一九九五年

全集

『林京子全集』全八巻、日本図書センター、二〇〇五年

＊原則として単独著を示す。編著、共著などは割愛した。
＊著作は、『書名』出版社、出版年／最新の文庫を示す。
＊『林京子全集』（日本図書センター、二〇〇五年）、講談社文芸文庫などを参考にした。

（作成・編集部）

インタヴューを終えて――普遍的な言葉を求める個の身体

二〇一七年二月十九日、林京子さん逝去のニュースを受け取った朝、わたしはパリにいて、そこに記された名前が間違いではないか、と信じられない気持ちだった。体調が思わしくないとうかがってはいたものの、つい何ヶ月か前に、美しく元気な姿を拝見したばかりだったから。

二〇一六年十一月初旬、その数年前からの思いが叶って、林京子さんにお目にかかることができた。「〈現代作家アーカイヴ〉文学インタヴュー」の企画者である平野啓一郎さんが、林京子さんの回のインタヴュアーにと、わたしに声をかけてくださっていた。

その日、林京子さんの担当編集者の中島さん、平野さんと一緒に、林さんのご自宅に向かって坂を登っている間、わたしは今までにないほどの緊張を感じていた。その緊張が対話の間も続いてしまい、林さんがこの機会にお話しになりたかったことが十全に残せなかったのではという後悔が今でも残っている。

そんなあまりにも出来の悪いインタヴュアーに、林さんは丁寧に応えてくださり、わたしが迂回している問いの核を掴んで誠実に答えてくださった。「もうおばあちゃんだから」と映像の収録はなかったのだが、実際にお会いした林さんは、黒を基調にしたスタイリッシュな姿、綺麗にセットされた髪で、同年代の女性と比べてずっと若々しく、何よりも凛として見えた。平野さんもわたしも、彼女の背筋の良さに見惚れていた。八十歳以上の彼女の中に、高校生の林京子の姿が垣間見られる。その姿が、彼女の作品に現れる要素、「初々しい」と言っては語弊があるかもしれないが、何度読んでも新たに心を打つ、そんな部分とも重なってきていた。

「原爆作家」という枠組みで語られることが多く、また、自らもそれを敢えて受け入れてきた作家だが、『上海』に見られるように、こちらの腕を不意に掴んでくるような、はっとする表現にも長けている。裸の目で出来事を見つめる「観察の作家」であって、それは、視覚的要素だけにとどまらない。匂いや感覚が呼び覚まされる光景、それ自体がひとつの生き物のように有機的な風景は彼女特有のものだ。上海では、「水は真夏の日に、脂身のトロのように重量感溢れて光」り「一片いっぺんの波のざわめきが大蛇の鱗のよう」で、原爆投下の瞬間に彼女が見たのは、「桃色真珠をばらまいたような暖かい光」「オレンジ色の、帯状の閃光」。そして、誰もが閃光の中にいたはずなのに、そのこと自体が、奥行きのない闇として感じられる。そのような空間の描写の中で、失われた命も語られる。「五十二人が埋めていたこの世の空間、抱きしめたくなって手を伸ばしても手触りのない五十二の空間を、何で埋めていけばいいのでしょう」。

こちらの心が彼女の指で直に触れられているような、驚くほど五感に満ちた、繊細でいながら恐ろしいほどの観察力に満ちた表現がある。気がつくと、私たち自身が、上海の路地で少女の耳が聞き取った、上海語の音が混ざった日本語を耳にし、彼女の目が見た閃光を再び目にしている。日付さえもが身体を持ち、作家の身体と対峙する。「八月九日に向き合って生きるより、身の置き場はなかった」「確かめた死の一つ一つを、私の八月九日から剥ぎ取って、あの日から抜け出したい」。自らの身体、知覚を消尽して初めて得られるそういった言葉は、何が主題として書かれていても決して変わることはなかった。

インタヴューの際にあれほど気後れしてしまったのは、被曝というテーマもさることながら、彼女の、この稀有な文学的身体を知っていたからなのだろう。どうやったら、その、自らの生を掛け金とした有機的な思考を踏みにじらない問いかけをできるのか。そんなことでこちらの心が一杯になってしまったのだと思う。

インタヴューの途中、作家としての言葉の関わりについて尋ねた時に、それを打ち切るようにして、「ごめんなさい、私は、そういう高級なものでは本当にないんです」とおっしゃった瞬間を忘れられない。普遍的な経験を書こうと言葉を重ねてきた作家は、「個人としての作家の言葉」でさえも封印しようとしていた、そこに気がつかない自分の無神経な問いを恥じた。それでいて、やはり、私には、この人でなければ私たちの元まで届かなかった言葉があり、世界があると思わずにはいられない。

「わたしの書いたものは、あまり読まなくていい方が読んでくださるんです。本当に読んで欲しい人は、読まないです」と、最後に漏らした言葉の重さ。何十年もの間、自分の生、そして、彼女の周りで八月九日まで生きていた人たちに起こったことに言葉を費やしてきてなお、今そのような感慨の内にあるとは、と打ちのめされるような思いだった。

届けられていない、と作家が感じていた場所、そこに彼女の言葉を届けられるようにするのは、わたしたち林京子さんの本を読んできた者のこれからの役割なのだ、今はただそう思っている。

（関口涼子）

関口涼子 ✷

Sekiguchi Ryoko

一九七〇年、新宿区生まれ。作家、翻訳家、詩人。十七歳で現代詩手帖新人賞を受賞。一九九七年よりパリを拠点に日本語とフランス語で創作を行う。二〇一二年フランスの芸術文化勲章シュヴァリエを受章。一三年よりフランスアカデミー招聘によりローマのヴィラ・メディチに滞在。著書に『グラナダ詩編』、『機』（共著）、*Ce n'est pas un hasard*、*Manger Fantôme*など、邦訳書にパトリック・ジャモワゾー『素晴らしきソリボ』（第二回日本翻訳大賞受賞）、仏訳書に谷崎潤一郎『陰翳礼讃』、多和田葉子『容疑者の夜行列車』などがある。

平野啓一郎✷

Hirano Keiichiro

一九七五年、愛知県生まれ。京都大学法学部卒。大学在学中の九九年『日蝕』により芥川賞を受賞。二〇〇九年『決壊』で芸術選奨文部科学大臣新人賞、『ドーン』でBunkamuraドゥマゴ文学賞、一四年フランスの芸術文化勲章シュヴァリエ、一七年『マチネの終わりに』で渡辺淳一文学賞を受賞。小説に『一月物語』『葬送』『高瀬川』『あなたが、いなかった、あなた』『空白を満たしなさい』『透明な迷宮』など、随筆に『文明の憂鬱』『私とは何か――「個人」から「分人」へ』など、訳書にオスカー・ワイルド『サロメ』がある。

自分が放った言葉によって、逆に与えられるものがある

黒井千次

✴

『時間』
(1969)

『群棲』
(1984)

『一日　夢の柵』
(2006)

[聞き手]
阿部公彦

黒井千次＊

Kuroi Senji

一九三二年、東京都生まれ。東京大学経済学部卒業。十五年の会社生活のかたわら創作活動を続け、七〇年から文筆生活に入る。七〇年「時間」で芸術選奨文学部門新人賞、八四年『群棲』で谷崎潤一郎賞、九四年『カーテンコール』で読売文学賞、二〇〇〇年日本芸術院賞、〇一年『羽根と翼』で毎日芸術賞、〇六年『一日　夢の柵』で野間文芸賞、〇八年旭日中綬章、一四年文化功労者などを受賞・受章。一四年日本芸術院長、日本中国文化交流協会会長に就任。小説に『五月巡歴』『春の道標』『たまらん坂』『黄金の樹』『夢時計』『羽根と翼』『高く手を振る日』、評論・随筆に『働くということ』『老いるということ』など多数。

真面目に選んだ三作品

阿部　本日は〈現代作家アーカイヴ〉に、黒井千次さんをお迎えしました。今回も慣例に沿ってご自身の作品から三作を選んでいただきました。『時間』、『群棲』、『一日　夢の柵』です。それぞれの作品について存分に語っていただけたらと思っております。まずは、なぜこの三作を選ばれたのでしょうか、その辺りからお聞きできればと思います。

黒井　非常に真面目に考えて選んでしまったので、あとになってこの三冊ではない方がよかったかなと少し後悔しております。

『時間』は、最初に単行本として出た作品でもあるということで選びました。それから何年か経ちまして、次に『群棲』という連作を出しました。これは、意図的にいろいろとやってみた作品でしたので入れました。最後の『一日　夢の柵』は短編集になりますけれども、これは年を重ねてからの作品ということになります。そうして選んでみましたら、三十代、五十代、六十代の作品から、それぞれ一冊ずつになったという感じですね。

それぞれの時期に、これらの作品とは少し外れてしまっているものがあって、自分ではそういう作品も割と好きなんですね。例えば、『時間』や『群棲』の代わりに、その時期の別のものを入れていくとか。そうすると、三つのシリーズが違ったイメージで成り立つのかもしれません。ただ、いくつもある組合せのなかの一つのバリエーションであって、今回はとにかく真面目に考えて、こういう三つを選び出したということになります。

阿部　著作目録（章末参照）を見ると、いまご説明いただいたことが、なるほどとよくわかります。たいへんな数の著作が並んでいるのですが、『時間』が最初に来る作品で、『一日　夢の柵』が比較的最近の作で、『群棲』はそのちょうど真ん中辺りに来ています。十年、二十年の単位で、それぞれが道標となるような作品を選ばれたのかなと思いました。

「小説が大事だ」と思い始めた十代半ば

阿部　では、最初の小説である『時間』について、お話を伺っていきます。

黒井さんのデビューまでの経緯については、必ず話題になる有名なエピソードとして、高校生のときに野間宏[*1]さんに手紙を書かれて、「自分は文学に非常に興味があって、これから作家を目指したい」と志を述べられて、「ついてはどういう道を選んだらいいか」と尋ねられた、と。そうしたら、ちゃんと返事が返ってきたということです。まずはその辺りからお聞きしたいのですが、おいくつの頃から文学の道を意識されていたのでしょうか。

黒井　僕は昭和七年、一九三二年の生まれですので、中学の途中で学制改革にぶつかって、入学したのが旧制中学で卒業したのが新制高校なんです。ですから、旧制から新制へのチェンジを経て、結果として中高一貫六年間を同じ学校に通い続けたわけです。

あの十代半ばというのは、もうめちゃくちゃに自己主張の激しい時期で、「何を言いたいか」はよくわからないのだけれど、「何か言いたくてたまらない」ことだけは実によくわかると、そういう時期だったように思うんですね。それは私だけではなかったので、同じような仲間が五、六人集まって、同人雑誌を作りました。そこでもう勝手なことを言って、自分たちのやりたいことをやるということを始めたんです。

最初は原稿用紙を綴じ合わせて、弁当箱みたいな厚さになる冊子を皆で回覧して読みました。分厚い雑誌の最後には白いページがいくらかあって、そこに読んだ人は必ず感想を書かないといけない。ひと回りして全員がその感想を書いたら、批評会をやることになっていました。あれは教室でやっていたんじゃないかな。そんな雑誌を中学二年生から高校生まで、ずーっとやっていました。割と真面目に、定期的に出していたんですよ。仲間は十一人までになりました。その後、大学に行って、そして卒業してばらばらになっても、その仲間たちとは年に一回ぐらいは必ず会うということを続けていました。

そうしたなかで、だんだんと小説というものへの関心が高まってきたんですね。別にプロフェッショナルになるとか、そこまで考えたわけじゃないけれども、「小説を書くということが、自分にとってとても大事だ」と思い始めたのが、中学の終わりから高校生の、ちょ

＊1 **野間宏** 一九一五-九一年。小説家、評論家、詩人。小説に『真空地帯』、『青年の環』など。

うど十代の半ばだと思いますね。

その頃は、あまり長いものは書きませんけれども、原稿用紙四百字詰めで二十枚ぐらいの短編らしき習作を一晩で書いていたんじゃないかな。あとから考えると、どうしてそんなことができたのか不思議ですけどね。最初はノートに下書きして、それを原稿用紙に書き直すとだいたい二十枚ぐらいになる。戦後、物もないし、食う物もろくにないような時期ではありましたが、書こうと思うといくらでも書けた。といっても、それはもう全く小説と言えないようなものではありますけれど、そこでそういう変なことをやっていたために、少しずつわかってきたこと、見えてきたことがあったように思います。あれが自分にとっては、とても大事だったんじゃないか、と。つまり、そこは自然発生的なんですよ。それで高校を卒業して大学に入ったのですが、あとから考えると大学時代というのは不作なんですね。

阿部　それはどうしてだったのでしょう?

黒井　僕らの学生時代には、社会主義リアリズムが全盛でしたから、ソビエトからチモフェーエフの『文学理論』[*2]や他の文学者の作品とか、あとは中国から毛沢東の『文芸講話』[*3]とか、そういうものがだんだんに入ってくる時期でした。そこで勉強しなければというので、大学に「民主主義文学研究会」という名前の研究会ができたりしました。でも頭で考えて、「あれじゃだめだ、もっとこういうふうにしなきゃいかん」とか理屈をこね回し始めると、だめになるんですね。そのときはそう思わなかったけど、作品を生み出すという意味では、大学時代は非常に貧しい時期でした。つまり、「ろくなものが書けなかった。あれなら、高校のときのめちゃくちゃな方がまだよかったな」という感じがとても強いです。

阿部 それは面白いですね。理屈をこねる人が周りにいたというだけなく、黒井さんご自身もそちらの方向に巻き込まれたということですね。

黒井 研究会などによく出ていって、社会主義リアリズムとか、革命的ロマンチシズムとか、そういうことをもっぱら論議する場にいるうちに、しだいに引きずられて影響を受けていったんでしょう。けれども、それはやはり理屈であって、あまり結実しなかったですね。

観念としての労働者？

阿部 『時間』を読むと、そのあとの作品に比べても、観念とのぶつかりと言いますか、

＊2 **『文学理論』** 一九四五年にソビエト連邦の評論家、L・I・チモフェーエフ（一九〇四 - 八四年）が発表した評論。

＊3 **『文芸講話』** 一九四二年に毛沢東（一八九三 - 一九七六年）が座談会で行った講話。正式には『延安における文学・芸術座談会での講話』と呼ばれる。

『時間』

或る日突然変貌し、異常なまでに猛烈に働き出す男（「聖産業週間」）。会社を欠勤し自宅の庭の地中深く穴を掘り始める男（「穴と空」）。企業の枠を越え、生甲斐を見出そうとする男（「時間」）。高度成長時代に抗して、労働とは何かを問い失われてゆく〈生〉の手応を切実に希求する第一創作集。著者の校訂を経て「花を我等に」「赤い樹木」を加えた新版・六篇。芸術選奨新人賞受賞。（本書紹介より）

（河出書房新社、一九六九年／講談社文芸文庫、九〇年）

その辺りの感覚が表れているように思います。観念的になるまいという力と、かたや世の中から観念的なものが押し寄せてくる勢いとがぶつかり合う緊迫感のようなものが作品を作っている印象を受けます。

黒井　あれは、大学を出て就職してから書いたものなのです。中島飛行機株式会社[*4]という、「隼」などの戦闘機を作っていたメーカーに就職したら、群馬県の工場に配属されて、そこで寮生活を送りました。

当時、その会社はバスボディを作っていたんですが、軽四輪乗用車を作ろうという計画が生まれて、「スバル３６０」という試作を始めた時期に、その工場に入ったんですね。自分が何を考えていたかというと、ものを作るとは、やはり非常に大切なことであるに違いない。であれば、ものが作られていくプロセスが目に見えるところで働きたい。だから、大きな装置産業や化学プラントみたいなところではなく、一つ一つ人間の手が加わることで何か形になっていくような、そういうところで働きたい、と。

そう考えたら、「どうもベルトコンベアがそんなものじゃないか」、「ベルトコンベアならば車だろう」ということで、できれば自動車会社に入って働きたいと思うようになったんです。働くといっても、僕は経済学部の卒業で技術屋ではないので、工場の現場で働くわけではないけれども、とにかくそういう企業で世の中について学びたいと思っていたんです。それは、実に硬直した、学生の頭で考えたことではあったわけだけども。

阿部　硬直したとはどういうことでしょう?

黒井　例えば、「労働者」と言うでしょう?　そうすると、労働者というのは失うべき何物もない階級であって、その階級が頑張って革命を起こして、社会主義の国家ができてくる、みたいなことをイメージするわけです。工場労働者の知人などいませんでしたから、頭のなかで何となくそう考えていた。それで会社に入って実際に工場に行くと、若い連中がいっぱいいるわけですね。変わった人もいれば、洒落者もいる。そんな連中と交流して初めて、学生のときに自分が持っていた労働者像がいかに硬直してインチキだったかと気

＊4　**中島飛行機株式会社**　一九一七年から四五年まで操業した航空機・航空エンジンメーカー。戦後、多くの会社に解体されて、その一つの富士重工業に黒井氏は入社した。

づくわけです。

極端なことをいうと、ある日、「あの人がいないけど、どうしたの？」と聞いたら、「あいつ、風邪を引いて休んでる」と言われて、「ああ、労働者も風邪を引くんだな」と思った。あとから考えたら、ばかもいいかげんにしろと言いたいんだけど、そのときは本当にそう思ったんですよ。工場というのは、そういう失うべきものが何もない階級の人たちが集まっている場所、という一種の想念で頭のなかが固まっていたんですね。

そうした青臭い部分が少しずつはがれていって、「人が生きていくとは、そんなに簡単なものじゃないんだぞ」とわかってくる。そうなると、「その場所で、何がどんなふうに書けるか」となる。就職してからも書きたいとずっと思っていましたから。それでどうなったかというと、その頃に読んでいたものの影響もあるのですが、抽象的というか幻想的というか、つまり、リアリズムではない方向に行くわけです。「リアリズムではこの世界はとてもつかまえられない」と思うようになる。例えばカフカとか、ああいう寓意に基づく小説になっていきました。

生身の人間を書きたくなる

黒井　さっきも言いましたように、その会社はバスボディが主たる製品だったんですけど、車台にエンジンを載せたものがいくつものメーカーから入ってくると、その上に金属のボディを載せ、それにいろいろな艤装《ぎそう》を加えて居住性をよくしていくという工程になります。

　あるとき、南米の会社から注文があって、大型バスを納入することになった。それで、日野自動車製の車台がまず入ってきて、それに金属の車体をつけて、椅子を入れて、天井を張ってということをやっていく。ところが、ベルトコンベア式のラインを移動していくバスボディを見ていて、「あれ?」と思った。バスにドアがないんですよ。これでは乗り降りもできないし、何だろうと思って、よくよく見たらドアが日本と反対側についているんです。発注元の国では車は右側通行だったのでしょう。だから、当然あると思った側から見たら、扉がない。

　そのときのショックがちょっとありましてね。それで、「ドアのないバスを作ったら、どうなるだろう。それはありうるだろうか」と考えて、そういう車を作る工場を書いてみたいと思ったのです。それでできたのが「青い工場」です。ごく初期に書いた小説です。そういうものを書くためには、リアリズムでは何ともならないわけです、ことがことですからね。では、どういう書き方があるか、どのように書けるかと考えて、いろいろとやっていって、その後に「メカニズムNo.1」というタイトルの小説を書いたのですが、これは非常に抽象的なものでした。非現実的、幻想的なもの。そうしないと書けない時期が、就職してしばらく続きました。

ただ、そういうものばかり書いているうちに、どうしても今度は生身の人間を書きたくなったんですね。工場では、人間はものを作るために必要な存在のように見られている。また、会社には職制という組織のなかでの身分があって、いろいろな人がいるわけですね。経理部の何とか部長、資材部の何とか課長、生産技術部の何とか係長というふうにして、職名や役名がついている。そうした部隊のなかで見る限りは、その役職から自由になれない。自分がやっている仕事から解かれない。自分も組織に入った以上は、そこにいる人たちをそういう存在として考えようと、最初の頃はしていたんですね。

けれども、例えば、そういう存在である課長が、夏休みの日暮れに浴衣を着てお祭りなんぞに出てきて、子どもを連れて歩いている。その姿にばったり会ってしまうと、私としては「これはいったい何だ?」とびっくりしてしまうわけです。つまり、課長は「課長」として存在していればいいのであって、子どもなんかいないと思っていたのが、どうもそうじゃないらしいとなってきて、少しずつ見方が変わり始めるわけですね。非常に抽象

『メカニズムNo.1』
（三笠書房、一九七一年）

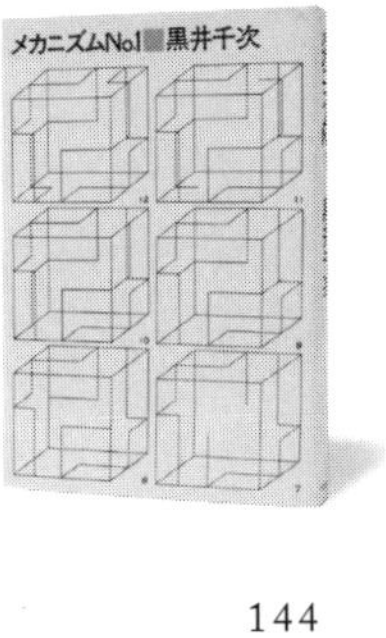

的な、非現実的な、幻想的な世界として見ないとつかめなかった企業、あるいは企業のなかの人間というものに対して、どうもそういう機能的にだけ考えていたのではだめだ、と思うようになったということです。「課長には子どもだって奥さんだっているんだぞ。そっちの暮らしだってあるじゃないか」と、いろいろと感じるようになってきたのです。その感じがもう少し展開していくと、『時間』を書いたモチーフにつながっていく。そういうことであったと思いますね。

『時間』――「人間が働くとは、いったいどういうことだ」

阿部　そうすると、最初の動機はむしろシステムに対する違和感だったということでしょうか。つまり、会社というものが課長とか係長とか、そういう職制で成り立っている世界であることへの気持ちの悪さを書きたいというのが発端であったわけですか。

黒井　いや、ちょっとそこは違うんじゃないかな。役割としての人間というものをつかもうとして、それによってだけ見えてくるものがあるんじゃないか、と思っていたけれども、さらに考えていくと、「それじゃあ、なんでそいつに奥さんがいるんだい？」、「どうして子どもなんか、くっついているの？」というふうに思っちゃうわけ。「あれ？　いらないじゃないか」と。

奥さんや子どもに目を向けることを断念して、課長のような役割や職制だけの方向で書いていくと、抽象的な、非現実的な、あるいは幻想的な小説が出てくるわけですよね。それはそれで、ある程度は書ける。満足するかどうかは別としてね。けれども一方には、そういう機能的な課長が浴衣を着て、子どもを連れて歩いていたなんていう現実があるんだと考えると、だんだん抽象的なものだけを書いていくのが難しくなってくる。嫌になってくる。

それでは、どうやってそういう抽象的なものではない、もっと生身の人間にぶつかることができるのかと考えるようになった。「自分にとっての仕事とは、いったい何だ」と。「おまえは何をもって企業のなかで生きているか」とも考えるようになってきた。そこのところで、「時間」に出てくるあのレポートの話[*5]が浮かんできたということです。

その頃を考えると、とても不思議なんですけどね。あのレポートの話は、似たようなことを実際に体験したんです。レポートを出して、他の部署から文句を言われて、そのときに非常に傷ついて頭に来たということが実際にあったのです。自分は会社に勤めていて、これで暮らしは成り立っているけれども、ここで出世して偉くなって、暮らしがよくなっていくということが目的ではない、と。むしろ、「あいつ、もとは小説書いていたんだよ」なんて言われる重役や社長なんかにもしなったら、みっともないと思ったんです。実際にそんな偉くなることはありえないけれども、そのとき、そういうことを感じたのは確かなんですね。

阿部 なるほど。

黒井 とにかく自分はどこかで会社を辞めて、書くことに専念できるようになりたいと少しずつ本気で思うようになっていました。自分としては会社にいるのは仮の姿で、本当はものを書く人間なんだと思っているから、会社の仕事は必要最小限にとどめる。会社には自分を賭けていない、暮らしのためにやむをえずこの時間を使っているんだ、と思おうとしていました。ちょっとどこか外れて、降りているところが自分のなかにあるし、あるべきだと思っていたんですね。

ところが、だんだん一つずつの仕事の責任を負わされるようになる。最初は手伝いのような補助業務をやっていたのが、そのうちプロジェクトや市場調査を最初から最後まで一貫した仕事として任されるようになって、それで結局、十五年間も勤めたんですね。はじめはそんなに長く勤めるつもりはなかったんです。

ただ、その会社でよかったと思うのは、レポートを書くのが決まりになっていて、それを書いた人間の名前を最後に記入しないといけない、つまり、そいつの責任でそのレポー

＊5 レポートの話 作品のなかで、「彼」がまとめた社内調査レポートが痛烈な営業部批判となってしまい、それをめぐって営業部からの圧力が強まるというエピソード。

トは出てきたんだとわかるようにしなければならないということでした。それを「調査月報」という格好でまとめる。ガリ版刷りの冊子が三十冊とか五十冊、机の上に積まれると、ちょっとではあるけれども、学生時代に自分たちの同人雑誌ができたときの感じと似ているところがありました。

それで、そのレポートが他の部署からけちつけられると、本当に頭に来るんですね。もう殺してやりたいぐらい（笑）。それで、反省するわけですよ。「私はそこに全身全霊を賭けていない」、「私は暮らしのために、しょうがないから会社の仕事をやっているんだ」と思っているはずなのに、なんでそんなに頭に来るのか、と。「けちつけられたって、へらへら笑ってやり過ごせばいいじゃないか」と思いたがる自分がいるのだけれども、どうもそうはいかないらしい、と。だから、「もう少し何か違うものがあるみたいだ」という辺りから、だんだん企業のなかで生活している人間の姿や形といったものが見えてきた気がします。

大げさに言えば、あれが最初の自分のテーマの発見だったのではないかと思いますね。それは、「人間が働くというのは、いったいどういうことなんだ」と考えていく。それを中心にして、作品の世界を作っていくことができるのではないかと思い始めたように思います。

会社のなかで生きる人間の生身の姿

阿部　「穴と空」はそうしたなかで生まれた作品だったのですね。

黒井　そうです、最初が「穴と空」でした。これは初めて芥川賞候補になった作品です。ある人が会社を欠勤して出てこなくなって、「ちょっと様子を見てきます」と言って見に行った人も会社に出てこなくなって、さらに課長から「見に行ってこい」と言われて見に行った人も出てこなくなって、一人ずついなくなる。最後に「いったい何があるんだ」と家に行ってみると、皆で庭に穴を掘っているという話なんですね。その穴を掘るという仕事の手応えと、会社での仕事の手応えとの違いを書きたかった。穴を掘るということのなかに、本当の仕事の意味があると、それを書こうとして「穴と空」という小説を書きました。

　それがもう少し発展していって「時間」という小説につながっていく。「時間」では、ただものを作るということだけではなく、そこに政治的な要素や、それから学生時代から

『働くということ』
（講談社現代新書、一九八二年）

引きずっている時間の質の問題も加わって膨らんできます。少しずつ自分のなかでテーマが広がってきたんですね。

阿部　「時間」は、好きな方がたいへん多いと思うのですが、ずっと版を重ねているのですね。この「時間」の副読本として、『働くということ』はすごくいいと思いました。伝票のこと一つでも、こんなに面白く語れるのだ、と。そして、『働くということ』のなかでは、「時間」という小説の背景にあった著者のこだわりが突き詰められた形で書かれています。

黒井　毎年、就職の時期になると増刷になっていたんですよ。これから働こうという人が、こんなの読まない方がいいんじゃないかなとも思うのですが（笑）。

阿部　就職が嫌になってしまう人もいるかもしれないですね。ただ、本当にすごいのは、その働くことの意味において、「おっ」と思うような具体例から話がどんどん展開していくところです。さまざまな作業のプロセスが具体的に書かれていて、そこが読みどころになっていますね。それは「時間」でも同様で、先ほどのレポートの話にしても、仕事の現場でのかなり生々しいやりとりから話が展開していきます。それが先ほど仰った、会社のなかで生きる人間の生身の姿にだんだん目が開けてきて、それを受け止める姿勢ができてきたというプロセスなのかと思いました。

『群棲』——空間は時間に対して革命性を持つ

黒井　さらに続けると、十五年間勤めて三十七歳のときに会社を辞めて、家で仕事するようになりました。そうすると今度は、目の前にあるのは企業ではなくて家族になってくる。すると「家族というのはいったいなんだ」と考えるようになる。比喩的に言えば、会社や工場を「空間」だとすれば、家族は「時間」なんですね。縦につながっている。会社は社史などがあったとしても、本質的に縦にはつながっていません。一方、家族には父がいて母がいて、祖父母がいて、自分にも子どもがいて孫がいてと、ずっと縦につながってくる。そうなると今度は、縦のつながりへの興味・関心がだんだん強くなっていきました。

『群棲』（講談社、一九八四年／講談社文芸文庫、八八年）

向う三軒両隣ならぬ〝向う二軒片隣〟の四軒の家を舞台とし、現代の近郊の都市居住者の流れ出した日常を鋭く鮮かに描き出す。著者の最高傑作と評され、谷崎潤一郎賞も受賞した〝現代文学〟の秀作。（本書紹介より）

その辺がさらに展開して、『群棲』という連作になっていくんです。これは「人間が一つの土地に住んで、そこで生きているというのはいったいどういうことだ」という問い、つまり一種の空間性も含めて、そのなかで動いている人間をつかまえてみたいと思ったんです。一本の道と四軒の家の話ですけどね。それをただの長編で書くのではなく、連作という格好で書いたのです。最初はそんなに深く考えたわけではないのだけれども、書き始めてみると、視点をどこに据えるかというのが問題になってくる。四軒の家があれば四つの視点があるわけで、一方的に見るのではなく、相互に見て見られるという関係がそこにはある。だから、Aの家のことを書けば、「Bの家が、なんか怒ってるよ」と気にしていて、Bの家を書けば、「Aの家は、なんか今日は変だな」と思っていたりする。そういうふうに互いに見つめ合う、感じ合うと言いますか、そういうことをやり合うようにして出てきたのが、あの『群棲』という小説です。

連作という形なのですが、あれを書いていたとき、「連作空間」といったものが何かあるんじゃないかと思いました。それが、『時間』の世界のあとに、やがてやって来る世界であったということになるんだろうと思います。

阿部　ある空間を、いくつもの角度から見て、それらを互い違いにして組み合わせて書いていくというのは、まさにこの小説の面白いところだと思います。自分のことを隣の人が語る感覚とか、そのなかで「覗く」という行為がたくさん出てきて、お互い覗き合っているうちに全体がわかってくるところがすごく面白いと思います。妙な狭いところから相手を覗き見るという視線は、この小説では特に意識されたのでしょうか。

黒井　小説というのは、放っておくと限りなく時間に傾いていくという感じがあるんです。時の経過とともにいろいろなものが変わっていく、その時間に意識を合わせた文学作品はたくさんあります。歴史小説というのは、それの粋《すい》かもしれません。しかし他方で、空間というものが意識された小説もあっていいはずなのですが、こちらはあまりないのではないか。そんなことをしきりに考えていた時期がありましてね。時間を中心にして考えていくと、それは縦のつながりになってしまうのですが、そうではなくて横の広がりのなかで人と人はどうやってつながっていくのかを考えたのです。

時間がある以上は、空間もつねに考えられなければいけないと思って、あの連作を書いたのです。もちろん、どの作品にも時間はあります。「オモチャの部屋」という冒頭の作品では、子どもの頃の古い家を思い出していて、だから時間はあるわけだけども、一方でそういう家があったらその横には別の家がある。夫婦だけの家もあれば、親子の家もあるというふうに隣近所が成り立って、人と人がつながっていく。そうやって空間というのは、時間に対して一種の革命性みたいなものを持っているのではないかと、盛んに考えていた時期があったんです。

ノーマン・メイラーの『ぼく自身のための広告』[*6]という評論集があります。ある時期、評判になりましたけど、そのなかに「ヒップ」と「スクエア」という言葉が出てきて、スクエアは真面目な方で、その反対にいい加減な方がヒップ。いろいろな言葉に対して、「ヒップなのか、スクエアなのか」と二つに分けていくんです。分けた結果が表になって出ていて、それが非常に面白かったものですから、私も「これは空間に属する言葉か、時間に属する言葉か」と二つに分けて表を作ってみた。そうすると、やはり時間の言葉が圧倒的に多い。空間の言葉というのは、あまり出てこない。普通に暮らしているなかではどっちが多いかなど問題になりませんが、少なくとも小説を書くことを念頭に置いて見ていく限りでは、空間を表す言葉の方が少ない。だから、放っておけばどんどん時間に傾いてしまうのは当然で、そういうことに私は一種の抵抗感を覚えて、空間を一生懸命に意識して書くようになったんです。

『群棲』を書いたときには、その空間のことをつねに考えていました。時間だったら長編にすればいい。連作にしたのは一つ一つが違ってくるから、そこに空間の広がりが生まれるだろうと考えたわけです。

「連作空間」の発見

阿部　「空間を中心にして小説を作ること」の革命性とはどういうことでしょうか。

黒井　時間というのは、放っておくと限りなく湿ってくるでしょう？　例えば、先祖であるとか親子であるとか、そういうつながりは何か湿ってくる。

阿部　情緒的になってくる？

黒井　そう。それに対して、空間というのは違う。赤の他人が隣同士でいるわけですからね。

阿部　なるほど。

黒井　たまたま偶然に、その空間で一緒に生きている。そこが面白いんじゃないかと思って、それで自然に連作という格好になった。動き始めてみたら、さっきも言いましたが、「連作空間」という独特の空間がありそうだ、と。また「連作の視点」という特別な視点がありそうだとも感じて、そこのところを突っついて書き始めたのです。

阿部　『群棲』にはいろいろな人間模様があって、一見わかりやすいドラマに落ちていきそうなのですが、決してそうではない。悲劇にしても牧歌的なものにしても、時間を中心にしたものは情緒や湿っぽさでまとまりをつけられるのですが、『群棲』ではそうしたドラマ的なまとまり感がすごく遮られている、その緊張感でもっている作品だという気がしました。

＊6　**『ぼく自身のための広告』**　アメリカの作家、ノーマン・メイラー（一九二三 - 二〇〇七年）による著書。一九六二年に新潮社から邦訳が刊行。

黒井　ああ、そうかもしれませんね。

阿部　だから、最初から最後まで気を抜けない。読んでいてずっと何か宙づりのまま、不安なまま、耐えさせられるという感覚があります。それが独特の興奮を呼ぶというのでしょうか。この『群棲』に限らず、黒井さんは情緒的なものに対する警戒心をお持ちなのかなという気もしました。

黒井　はい。警戒心といえば、確かにそうかもしれませんね。放っておくとそちらに傾いていくので、それに抵抗しようという感じ。そのためには空間の横の柱を入れてつっかえ棒をしていくと、何か別のものが出てくる。そういうことが、何かしらあったように思います。

「書くことの意味」を発見した中学時代

阿部　少し話が戻りますが、中学生の頃に書かれていた変な小説とはどういうものだったのでしょうか。

黒井　その頃に書いていたものを考えると、「やはり、あれはとても大事だったんだ」ということはあるんですよ。例えば、少年が家出する小説を書いたことがあるんです。それは食べ物が乏しい時代で、トマトが一つあったのを帰ってきて自分が食べようと思ったら、兄貴が全部食べてしまっていた。それで喧嘩になる。「なんで食ったんだ」となって、もうすごい勢いで兄弟がやり合う。二つか三つ違いの男の子同士ですから勢いが止まらずバットでぶん殴るとかね。あんまりすごいので、母親が出てきて止めるんですが、二人とも言うことなんか聞かない。見かねた母親が最後に、台所から出刃包丁を持ってきて言うんです。「あんたたちがどうしても決着をつけるというならば、やってもいい」と。「でも、そんなものは見たくないから、これであたしを殺してからやれ」と言うんです。

実体験ではないですよ。頭のなかで考えたことです。そうすると、「しょうがないから、それじゃ失礼します」と母親を殺すわけにいかない。最近は時々そういう親殺しのニュースがありますけどね。そういうことはできなくて、結局うやむやになって仲直りというか、その場は収まる。けれども、気持ちとしては収まりきれない。ついに弟の少年は、「こんな家にいられるか」というので家出をして、畑のなかを歩いていくわけです。そのとき、これは小説のなかの話ですが、その畑のなかを行って町に入ろうとしたところで、一人の女性に会うんです。

阿部　ほお。

黒井　とても綺麗な人だったか、素敵な人だったか、どう書いたかわからなくなってしまったけれども、とにかく少年は美しい女性に会う。そこから先は、どんなことだってできるわけです。小説なんですから、どのようにも書けますよね。その女性について行ってもいいし、別々の道を行ってもいい。

ところが、そこから先が書けないんです。なぜだか知らないが、書けない。それで思ったんですね、「書けないとはいったい何だろう」と。書かなければ、話は先へ進んで行かないことはわかっている。けれども実際にはできない。「この書けないこと自身が持っている意味は何か」と、そんなことが自分のなかに渦巻いていていました。

考えてみると、自分が兄貴と何かを奪い合って喧嘩したというのは、実体験としてあったわけです。おふくろが出てきて、出刃包丁が出るほどではなかったけれども、二人を止めたということも確かにあった。そして、自分が家を出たいと思っていたことも確かでした。つまり、そこまではすべて自分のなかにあることから書いていって、家を出ていよいよあとは何だってやりたいことを書けばいいとなった途端に書けなくなったわけです。

逆に言えば、家を出てしまってからどうにでもなるところで、何かをするから小説になるのであって、それをやらなければ小説にはならない。手記や自分の記録にはなるかもしれないけど、小説にはならないということです。つまり、実際にはなかったけれども、自分の「あらまほし」を中心にして実っていき膨らんでいくのが小説であって、それをやらなければ小説を書いたことにはならないのだ、と。大げさに言えば、そのときに私は発見したんですね。これが、同人雑誌で何かを書くことを始めていた中高生のときの「書くことの発見」というのか、「書くことの意味の発見」だったんです。

阿部　書けない瞬間のおかげで、より新しいものに出会ったということですね。
黒井　そうです。
阿部　例えば、いままで書かれてきたなかで、そういう書けなくなった経験とか、作家をなさっていく上での転機とか、「そういうことなんだ」と何か発見したことは他にもあるのでしょうか。
黒井　転機というほどのものはないですね。実際問題としては、書こうとして書けないというわけではなくて、いつまでたっても書き始められないとか、書いたものがどうにも気分がよくないから捨ててしまうとか、そんな格好で出てくることはありますけれども。書けないことが一つの独立したテーマになって、自分の前にあるということはないですね。

『一日　夢の柵』——年齢を重ねて変わってきたもの

阿部　最後の一冊、『一日　夢の柵』についてもお聞きしたいと思います。こちらは短編集ですが、すべての作品を通して、現実世界からちょっと違った変な世界に入っていくという要素が、他の作品に比べて多く出ている印象を受けました。刊行されたのは二〇〇六年で、『群棲』が一九八五年ですから二十年ほど経っているのですが、黒井さんご自身のなかでは、『群棲』と『一日　夢の柵』で書いたときのスタンスにどのような変化があったのでしょうか。

黒井　スタンスの変化はあまり感じないけれども、今日のインタヴューがあるので久しぶりに読み直してみて感じたのは、年齢の要素が大きいのではないかということでしたね。これは短編集なのでそれぞれの作品が独立しているわけですが、例えば『時間』や『群棲』を書いたりしている若いときの自分とはやはり違う。書き手として違う格好になってきているると感じます。

いま振り返って『時間』を読むと、別に嫌いじゃないですけれども、書き方やそのなかに出てくる言葉が何か青臭い感じがします。いろんなことを非常に観念的にとらえていると言いますかね。

阿部　『時間』では言葉が強い感じを受けますね。ぐいぐい行く感じです。

黒井　そうなんです。だから、『一日　夢の柵』になると、そういうものがなくなってくる。

阿部　優しい感じがしますね。

黒井　少しずつ違ってきているなとは思います。いまというときに立って考えてみると、どちらが良い悪いは言えませんが、でもやはり『一日　夢の柵』の方が作品として自由な感じが漂っているような気がしますね。それは、あまり悪い気分ではない。

阿部　作品のなかでは、私は「丸の内」がとても印象的でした。まさに自由な感じが出ているように思いました。その自由をどこに感じたのかと考えたのです。例えば冒頭のところで、急に寒くなった冬の日、主人公が洋服箪笥の奥からツイードのジャケットを取り出してきて、「今日はこれを着ていこう」と思うところから物語が始まるのですが、そのジャケットの胸ポケットに紙片が入っていて、電話番号らしき数字が書いてある。「なんだ?」と思ってその番号にかけてしまうという展開だったと思います。そのなかで、作品の言葉では「杉綾」という言い方をされていましたが、要するにヘリンボーンですね、そのヘリンボーンの服地の織りに目が行くところがあって、そこが実はすごく大事な場面のように感じたんです。とても身近なものに、「あ、こんなジャケットがあるんだ」と思うということ自体が、前の作品とは世界との接し方が違うのではないかと、そんな印象を受けました。

黒井　なるほど、そうか。そういう細かなところの違いは、やはり年齢によって自分のなかで変わってきたものが、そういう格好で出るのかもしれません。特にそのことについて

日常の内奥にひそむ光と闇。――人々が暮らしてゆく、生々しい奇妙な現実。生きることの本質と豊穣。著者六〇代半ばから七〇代半ばにかけて書かれた短篇群、野間文芸賞受賞の一二の人生の断片。「夢の柵」「影の家」「眼」「浅いつきあい」「電車の中で」「隣家」「丸の内」「記録」「一日」「危うい日」「久介の歳」「要蔵の夜」収録。（本書紹介より）

『一日　夢の柵』

（講談社、二〇〇六年／講談社文芸文庫、一〇年）

強く感じるというのではなく、全体としてほわっと柔らかな網を掛けるふうにして作品が出来上がっている。『一日　夢の柵』の短編を書いたのは六十代から七十代にかけてです。

そういう目で昔の作品を読むと、やはり『時間』などは、ちょっと肩肘張って堅苦しいなと思ってしまいますね。でもそれは必ずしも困ったことでもなくて、当然というか、年齢とともにある変化なのだろうと思います。昔はいまのようには書けなかったし、いまは昔のようには書けないわけで、それだけ違ってきているのでしょう。

「私」を使わない理由

阿部　作家のなかには、意識的に作品のスタイルや作り方を変えていかれる方もいます。先ほどのお話のように、黒井さんも『群棲』では空間を意識して書いたということはありました。ただ、作品を作るスタンスとしては、つねに自然体と言いますか、いまの自分に書けるものを書くということで来られたのかなという印象を受けるのですが、いかがでしょう?
黒井　そうですね。一番やりたいことというか、自分のなかで動く衝動というか、そういうものに正直に付き合っていく、その流れに沿っていくのが基本ではないかと思います。
阿部　この『一日　夢の柵』でも、作品によって会話の書き方などは全然違うんですね。

かぎ括弧（「　」）を使うものもあれば、棒を引いてダッシュ（——）で導くのもある、また違うケースもあるといった感じです。これらも、ごく自然にそれぞれの書き方をされているということですね。

黒井　そう、その辺はかなり気分的なものだと思います。かぎ括弧とダッシュでは、やはりちょっと気分が違う。

阿部　それによって作品の雰囲気もだいぶ違ってきますね。

黒井　会話も、かぎ括弧でガチッとぶつかり合うものとして書きたいとか、これは棒を引いた格好でふわふわふわと膨らんで広がっていく感じで書きたいとか、そういう違いが書き方のなかに出てくるんだと思います。

阿部　それぞれの作品の流れのなかで、自然にそうなっていく？

黒井　ええ、自然にですね。ただ、以前ある人から言われたのですが、あなたの小説にはどうしてこんなに「ばか」「ばか」と、みんながお互いに言い合うような会話が出てくるのか、と。とにかく著しく多いんだそうです。本当に「ばか」と思っているわけじゃないのですが、自然に言葉が出てくる。それで、はっと自分でも考えてみたら、家のなかでもやはりお互いに「ばか」と言っているんですね。僕だけじゃないですよ、女房も言うし、子どもたちも言うし、お互いに「ばか」「ばか」ってね。

でも言われるまで、自分では全く気がつきませんでした。だから、生活のなかで起こっていることが、小説にも自然に出てしまうという面はあるのではないでしょうか。

阿部　それから小説のなかでは、意外と「私」という言葉をお使いにならないですね。それを使わずに上手く済ましておられるのは面白いなと思うんです。そこも、ごく自然に「私」を使わずに書いているのでしょうか。

黒井　それは小説に限らないですね。普通の文章のなかでも一人称をどう書くかというのは大きな問題で、「私」、「僕」、「俺」、「自分」といろんな書き方がある。それで、若いときに書いた文章がありまして、やたらに「私」が出てくるんですね。自分で読んでいて、もう耐え難いほど。そこで、こんなに「私」がたびたび文章のなかに出てきてはいかんのだと思いました。以後、「私」というのは、そんなに簡単に使うまいと思っていることはありますね。

「私」という言葉につきまとってくる、一種特別の感じがありますでしょう？　ですから、「私は」と言わずに、例えば「こちらは」とか「当方は」とか、ちょっとずらすことで絶対的な一人称にはならずに行けるならその方がいいなと、つねにそう思っていますね。いま、小説の場合は少し特別かもしれないけれど、エッセイなどでは原則として「私」という言葉は使わないようにしています。いつの間にかそういうふうになりました。

阿部　エッセイの話題が出ましたが、小説以外のエッセイや啓蒙的な新書でも、黒井さんは、いわゆる比喩とかレトリックをとても抑制して使っておられると思うのですが、いまの一人称の話と、ひょっとしたらつながるのかもしれないと思いました。つまり、過剰に言葉を飾らないようにしておられるという印象があります。

例えば、『老いるということ』という新書で、初めて自分が電車で席を譲られて、ちょっとびっくりして、そこから老いの話が始まるのですが、そのときの一節で子どもが遠くからわざわざやって来て、自分の席を譲ってくれた。そのことを振り返って、「あの子はただ自分の坐っていた席を譲ってくれたというより、もっと深刻な何かをこちらに伝えてくれたのかもしれない」というふうに話を展開されているのですが、ここはすごいなと思ったんですね。つまり、ひゅっと視点の転換がなされている。一つのエピソードを飾ったり盛り上げたりするのではなく、視点を微妙にずらして、その意味を洞察するほうに持っていくというのは、できそうで意外にできないことだと思うのです。それが、言葉の使い方に抑制をかけていることともつながっているのかと思いました。

黒井　それはあまり意識していなくて、やはりごく自然にそう書いているんだと思います。

『老いるということ』
（日本放送出版協会、二〇〇六年／増補、講談社現代新書、〇六年）

阿部　むしろ、意識すると上手くいかなくなるだろうなと思います。
黒井　そうですね。

「夢の柵」の朗読

阿部　作家の方に、ご著書の一部を朗読することをお願いしているのですが、今日は『一日　夢の柵』から、冒頭の作品「夢の柵」の末尾のところを選んでいただきました。
黒井　いきなり読んだのではわかりにくいので、少し前のところから内容をご説明しますと、主人公が近くの医者に老人健診と言いますか、健康診断に行った話なのですが、健診の注意書きのなかに、「目が覚めた後もはっきりと頭に残って忘れられないようなオカシナ夢を見た直後は、危険ですので絶対に受診しないで下さい」という一項が手書きで書き加えられているんですね。にもかかわらず、主人公は前の晩にオカシナ夢を見た日に健診を受けにきてしまうわけです。その夢については、前の方にちらりほらりと出てきます。もう若くはない、十分に年を取ってしまった人間が、医者に健診してもらって家に帰り着いたあと、最後の部分を読んでみます。そこでは、もちろん主人公が前の晩に見た夢が問題になってきますので、それを本当にわかろうと思ったら、最初の方から読んでこないとだめなんですが、ここではおしまいのところだけを読みます。健診から帰ってきて、これは妻と話したあとのところです。

朝の記憶が遠い日のことのようにぼやけて思い出せない。

——別の検査を受けた方がいいんじゃないの。

——そうかもしれない。

急に激しい疲労を覚え、服を脱ぐと冷たい蒲団のなかに潜り込んだ。目が冴えて眠れそうにはなかったが、一日が既に終ってしまったように身体の暮れているのが感じられた。七日後にもう一度滝口内科医院を訪れた時、何が明らかになるのだろうか。重い扉を押して逃げるが如くに去るジャンパーの丸い背中が見えた。黒いソファーに蹲る、顔と耳だけが妙に赤い老女の俯いた横顔が浮かんだ。

脂色のこけしが細い眼でじっとこちらを睨んでいる。それが今日のことなのか、一週間後の光景なのか見極めもつかぬうちに、いつか淡い眠りに引き込まれた。

屋根一面に馬の屍体がのっていた。重さで家が潰れるかもしれない。ずり落ちて来た馬の首が幾つか屋根瓦の端を越えてせり出し、捩じれた口から泡をともなった液体が湧いて軒先に細く垂れていく。黒ずんだ馬は台所の流しの下にも、テーブルの脇にも、冷蔵庫の前にもずっしり横たわって動こうとしない。口のあたりが濡れたまま腐り、顔の崩れてしまった馬もある。これでは冷蔵庫の扉も開かない。

阿部　すごく力強い朗読で、素晴らしかったです。ありがとうございました。

『春の道標』――「書きながら死ぬ小説」がライフワーク

阿部　今日は、課題作品が三冊ということになっていますが、非常に話題になることが多い作品である『春の道標』についてもお伺いしたいと思います。これは自伝的な作品の一つで、お父様[*7]のことを書かれているところが印象深い作品です。

作品では、父親が海外視察に行くというので英会話の練習をしていて、家でも英語で喋ってくるんですね。「お客さん来たよ」というのをいちいち英語で言う。そこだけ読むと微笑ましくて、「ああ、こういうお父さんいるよね」と思うんですけど、そこからが微妙な話の展開になっていきます。よそのうちからメロンを盗んできた話なども出てきて記憶に残るところだと思うのですが、この当時、黒井さんのお父様は検事でいらしたのですね。

黒井　そうです。

阿部　悪いことをした人や、ものを盗んだ人を糾弾する仕事をしているのに、息子が盗みをしたというので、「私を父親に持つおまえが、こんなことをしてどうするんだ」と叱るのですが、息子はそれで反省するという単純な話ではないですよね。父親の書かれ方も微妙で、ここが面白いなと思ったんですけれども。

黒井　なるほど。

***7　お父様**　長部謹吾。一九〇一‐九一年。二六年司法省に入って検事となり、大審院検事などを務める。戦後、最高検次長検事（五九年）、最高裁判事（六三年）を経て弁護士に。

『春の道標』
（新潮社、一九八一年／小学館P＋D BOOKS、二〇一七年）

阿部　この『春の道標』は、黒井さんのなかでどういう作品なのでしょうか。

黒井　一種の自伝的と言えばそうなんですが、これは青春から始まる小説で、若い頃の恋愛を一度は書いておきたいと思ったのです。青春ものですから、そのときの育ち方、そこに現れてくるものとの関わり方が中心になっていく。一方に棗という少女との関わりがあって、もう一方に父親との関わりがあって、その両方を書こうと思ったんですね。父親について言えば、その対決のなかに一種の社会性が存在するわけで、ただ頑固な親父であるとか、良い親父とか悪い親父とかいうだけではなくて、もう少し客観的に何か社会的な存在として関わってきてしまうところがあった。

父親のテーマというのは、やはり大きなものとしてあるわけですね。いま、『群像』に、ぽちんぽちんと一年に三つとか四つとか、連載はできないから連作にしてくれと言って書いていています。「流砂」というタイトルで、一回が二十枚ぐらいの連作です。それが『春の道標』のなかにおける父親を引き継ぐ父親像というのかな、それをもう少しほぐして、細かく書いた父親ものですね。明治に生まれて、大正の青春、昭和前半の壮年期、それから昭和後半の中高年期。実際の自分の父親は途中から最高裁の判事になって、その後に弁護士をやってから死んでいくのですが、そういう父親を何かの格好で、絶対に書かなければいかんと思って書きだした。でも、ちっとも書けない（笑）。

これはしょうがないから、もうライフワークにしようと。ライフワークとは何か。僕がいま思っているのは、「書きながら死ぬ小説」だと。つまり出来上がったものは、もうライフワークではないですよね。最後に書くなかで、書く人間が死んでいく、そういう書き方のものがライフワークというのではあるまいかと。全く私流の解釈ですけどね。そういうふうに書けるといいなと思っているんです。

ただし、その小説のなかでは、可能な限り父親は殺さないようにしようと思っています。世の中には、死んでしまった父親について書かかれたものは割合とよくありますね。日記が出てきたり、いろんなことが起こったり。でも、そういう格好ではまとめたくないと思っています。みっともないつながり方とか、訳のわからない関係とかはあるけれども、容易に死なない人に書きたいと思っています。実際にそういう人だったわけではありませんが、そういう人間を書きたいという気持ちが非常に強いんですね。その父親と、『春の道標』のなかに出てくる父親、その他の作品にも出てくることはありますが、どれもそういう父親像を書こうとしてやり始めた。けれども、なかなか上手くいかないのが現状ですね。

阿部　いままでも小説のなかで時々、お父様のことに触れていますけれども、それはそのときなりの書き方ができたということなのですか。

黒井　もっと若いときに父親のことを書き始めていたら、やはり書き方が全然違っていただろうと思いますね。若かったら突っ張って対決してという部分がもっと多かったのではないか。自分も年を取ってきて、相手も年を取るという格好になってくると、平たく言えば、許している部分がだんだん膨らんでくる。昔だったらこんな言い方はしなかったな、と思うところはありますね。そう考えると、突っ張っている間に書いていたらよかったんじゃないかなと、いささかの後悔はありますけどね。

阿部　その頃は、書かないことが必然だったというわけでしょうか。

黒井　そのときは、書けなかったんですね。書かなければいかん、書きたいと思ったかもしれないけど、あの頃の突っ張った格好では、やはり書けなかったんじゃないか。

『春の道標』のあとに『黄金の樹』という続編を書いて、さらにそのあとに少なくとも三つぐらいはつなげて長編小説にしたいと考えていたのですが、それも『黄金の樹』のときに止まってしまったんですね。あれは何で止まってしまったのかな、よくわからないです。

父親を書くことの難しさ

『黄金の樹』
（新潮社、一九八九年）

阿部　黒井さんやその周辺の同じ世代の作家を「内向の世代」と呼ぶことがあります。そういう表現が妥当ではないという意見もある一方で、それなりに流通してきた言葉でもあります。「内向の世代[*8]」と呼ばれる作家の方々は皆さん、お勤めをしていて、またご家族をお持ちで、お子さんもいる方が多いとよく言われます。その点で最近の作家の方々は、独身であったり、お子さんがいなかったりする方が以前に比べて多いようにも思います。それはさておき、黒井さんの場合は、ご自身もお子さんがいることから考えますと、「自分が父親であること」と「自分の父親を書くこと」の間に何か関係はあるのでしょうか。

黒井　父親を書くということにおいては、それはあまり関係ないと思いますね。ただ、例えば、父親が残した書類だとかさまざまな物を整理するとき、なかなかこれは大問題で困ってしまい、捨てたり捨てられなかったりとやっています。それを今度は、自分と子どもの間で考えることはあります。自分がいま、これは大事だと思って残しているものを整理しなければいけなくなったときに、息子なり娘なりがどうするだろう、と。それで自分が苦労したことを考えて、できるだけ捨てた方がいいとか、でも何かあったときのために捨てない方がいいとか、そういうことを考えはしますけどね。

＊8　内向の世代　一九三〇年代に生まれ、六五年から七四年にかけて登場した一連の作家を指す。古井由吉・後藤明生・阿部昭・坂上弘らとともに呼ばれるようになる。

私の父は明治に生まれて、大正、昭和の時代を経て、最後に平成に死ぬのですが、そうやって生きてきた人間は、やはり時代との関わり方のなかで非常にドラマチックな部分があったように思うんです。もちろん、その中心に戦争があるわけですね。その辺をどう書いていくかというのが、まことに難しいように思います。あまり上手い具合にはまとまらないですね。

阿部　考証的なことも盛り込まれていくことになりますね。

黒井　できればそうしたい。しかも戦後になると、アメリカとの関係がどうしても出てくるわけで、そこはきちんと書きたい。けれども、アメリカとの関係を書くのは難しいですね。

阿部　黒井さんのお父様は、戦前のシステムのなかで司法制度を担われていて、それが戦後になると大きく変わるわけですね。そこで役職も変わられたのでしょうか。

黒井　同じではないです。戦争中の一時期は思想検事の仕事をしていたことがあるのですが、思想検事という職は、長く務めた人、しっかりと仕事をした人は、戦後だいたいが追放になったんです。これはGHQの指示で、「この時期からこの時期まで思想検事であった人は公職追放とする」ということだったと思います。幸いにして、親父はその時期の問題に引っかからずに、ぎりぎりのところですり抜けたんです。それで、戦後もずっと一貫して仕事を続けることができた。これは幸か不幸かわかりませんけどね。

本当に優秀だったら、あのとき追放されていたんだろうなとも思うんですよ。親父と同じような時期に検事になった人で、そのときに追放された人は実際にいますから。だから、単なる辞令の上での勤務時期の理由で免れたのか、それほど優秀な思想検事ではなかったのか、あるいは重要なところにいなくて助かったのか、その辺は何ともわかりません。

芥川賞の選考委員

阿部　最後に一つだけ伺いたいのは、芥川賞の選考委員[*9]をされていたことについてなのですが、若い作家の作品を数多くずっと読んでこられて、いまの若い作家の皆さんを見渡して何か思われることはありますか。

黒井　芥川賞は賞としては非常に大きな存在で、社会的な関心を持たれるものです。僕自身は五回候補になったのですが、ついに受賞しないまま過ぎてしまいました。それで何十年か経って「選考委員をやらないか」と言われて、「芥川賞の選考委員というのは受賞者でないとなれないのでは？」と聞いたら、文藝春秋の人が「そうではないケースもあるので、決まっていることではない」と言うんですね。例えば、三島由紀夫は選考委員だったけれども芥川賞を取っていない、と。受賞していなくてもかまわないんだと言われて、そ

＊9　**芥川賞の選考委員**　黒井氏は、一九八七年上半期から二〇一一年下半期まで務めた。

れで選考委員になって、結局二十五年間やりました。だから五十回の選考委員を務めたことになります。

あれは、まあ、しんどいことで、年に二回、盆と暮れに必ず候補作品を読まなければいけない。一回ではやはりわからないとか、読み落としてしまうとかあるといけないと思って、必ず二回ずつ読むことを原則として続けましたから、相当疲れてしまいました。

ただ、最初の頃の作品と、だんだんあとになってくるにしたがって、特に最近の作品とは、ずいぶん違ってきているように思います。小説の書かれ方というのかな、何かが違ってきている感じがしますね。どういうふうに違うかと言われても、よくわからないのだけれども。でも、そのなかで出会ってきた作品で忘れ難いものはいろいろあります。例えば、平野啓一郎さんの『日蝕』[*10]というのは、特に忘れ難い。十人前後いる選考委員のなかで、石原慎太郎[*11]氏だけが反対したんですね。猛烈に反対した。それで、あの作品がどういう意味を持っているかというのに非常に説明を尽くしたのが、たしか日野啓三[*12]氏だったと思います。僕は非常に面白いと思ったし、皆さんが賛成したのですが、全選考委員のうちの石原氏だけが反対で、「それは記録に残しといてくれ」と彼は言っていました。

選考というのは面白いもので、前のときに、こういう作品に対して、この人がこういう評価をしたと記憶しているのだけども、その次のときに、また別の作品が出てきて、テーマは同じなのだから前と同じような評価を当然出すだろうと予想していると、全然違ったりするんですね。なぜ違うのかわからないし、いろいろな理由がおそらくあるんでしょう。パズルみたいに「こうすれば、こうなる」というものではないですね。

阿部 毎回、選考までにその時々の流れがあるということでしょうか。

黒井 その場の討論の流れとはまた違うんですよ。おそらく、その人自身のなかで違ってくるというのか、他の人には見えない違いがあるのかもしれません。

阿部 その作品の持つエネルギーについて、作家が語るというのはすごく面白いと思います。作品の素晴らしさをどうやって別の言葉で表現したらいいんだろうと、いつも考えてしまいます。批評家や書評家が言うことも、それはそれで参考になると思うのですが、作家が言う言葉はたぶん全く違うところから出てくるように思います。

黒井 そうですね。おそらく違うのでしょう。選考委員同士のなかでの激論や主張の対立は、やっている間には意外に多く起こらなかった。昔はそうではなかったらしいですが。

阿部 昔は何事も激しかったように思います。

＊10 **『日蝕』** 当時二十三歳の学生だった平野啓一郎のデビュー作。一九九九年に第一二〇回芥川賞を当時最年少で受賞。

＊11 **石原慎太郎** 一九三二年-。作家、元政治家。小説に『太陽の季節』、『弟』など。

＊12 **日野啓三** 一九二九-二〇〇二年。小説家。ベトナム戦争を題材にした作品でも知られる。小説に『あの夕陽』、『夢の島』など。

質疑応答1　異次元の登場

――『群棲』では、とても緊張感のある話のなかに、時折、女の子が針を丸ごと飲んでしまうというような幻想的な場面が出てきて、そこにたいへん惹かれました。『群棲』では時間よりも空間に関わる言葉を中心に文章を書いたと仰っていましたが、空間的な言葉を使うことと、女の子が針を飲んでしまうといった幻想的な表現とは何か関係があるのでしょうか。

黒井　いま言われたような幻想的な感じと言いましょうか、特に子どもが絡んで、異次元のものが突然入ってくるような場面というのは、僕は非常に好きなんですね。それは、時間が縦に流れていって、親から子へ、子から孫へという当たり前のつながりではなく、横のつながりへと意識を移したとき、ヘンテコリンなところで何かがポンと出てくるものです。しかし、どこか深いところでつながっているという感覚がある。それはもう意図というよりも直感的なもので、書いているうちに自然発生的に出てきてしまう。

女の子が針を飲むという話も、あれは「嘘ついたら針千本飲ます」という子どものやり合いのなかにある童歌のような一節が、自然に作品のなかに出てきたものです。「時間」のなかでも、課長試験の面接を重役から受けたときに、「あーずきあずき　にえたかどうだか　たべてみろ」という子どもの囃子言葉がポンと出てくる。作品のなかにそういうものが出てくることで、ある奇妙な感じが生まれるので、そこでぜひほしいと思って書いているんですね。

それから、ごく初期に書いた短い小説で、「ネネネが来る」という作品がある。これは、小さな子どもと一緒に親が寝ようとするときに、何だか知らないけど、その小さな子どもが「ネネネが来る」と言って怯え始めてしまうという小説なんですけどね。そのことに象徴的な意味があるとかないとかでなくて、ただ、「ネネネが来る」と言って騒ぎだす。その面白さみたいなものを出せないかなと思って書いたんです。

作品のなかに出てくるものには、理屈で説明できたり、分析して解明できたりするものとはまた別に、何かわからないけど自然に湧いてきてしまうものが案外あると思うんですね。それは、本当はとても大事なものではないかと。そのときの書かれた状況なり、光景なり、いきさつなりが、そのままポンと読む人のなかに落ちてくる。「まさに、それが言いたかったんだ」というものが、そういうふうにして、つねにつかまえられるといいと思っています。

質疑応答2　学生運動の体験

――黒井さんの作品を知ったのは、私が学生時代の一九八〇年代半ばで、「時間」、『五月巡歴』を読みました。当時、もう学生運動はありませんでしたが、その挫折を描いた作品を集中的に読んでいて、黒井さん、柴田翔[*13]、高橋和巳[*14]、あるいは、もう少しあとの全共闘世代の作品をひとまとめに読みました。

そのなかで、特に「時間」は学生運動の挫折を誠実に見つめていると思いました。つまり、いま自分はサラリーマンになっているけれども、学生運動の過去はずっと消えずに、わだかまりのようなものとして残っている。それを非常に純度の高い形で提示しているところが印象に残っています。そういう読まれ方について、何かコメントがありましたらお願いしたいです。

黒井　それは大きな問題で簡単にお答えはできませんけれど、一九四〇年代の終わりから五〇年代の初めにかけての学生運動が、ちょうど自分が体験した時期になるのですが、それはたしかに深刻なものとしてあったというのは事実だと思いますね。もう一つは、当時、時代の風潮というものが非常にはっきりとした格好で存在して、それが目に見えるものとして自分の前にあったということだと思います。

そのときの体験としては、青春のある時期に抱かれた一つの考え方やイメージ、そして理想像が一瞬ひらめいて輝いて、それがだんだんと暗くなって消えていき、日々のなかでごまかされていくというものです。「時間」のなかで、ゼミのコンパで名刺を配って歩く男とか、そうやってどんどん変わっていく男たちを見ていたときの、あのいら立ちがずっとそのまま尾を引いていくわけです。

もう少し長い時を経て、『五月巡歴』という作品でその後を書きました。さらにあとに、『羽と翼』という長編があり、これがそうしたテーマで書いたものとしては最後になりますが、その三つが一つながりとしてずっと来ている。自分としては、学生時代に抱いた一つの思想や理念というものと現在との関係がはっきりしないと、このままうやむやに終わってしまうではないかと思ったのです。あれは若気の至りだったと笑ってごまかすことだって、一つの処理の仕方であるかもしれない。けれども、それはどこか逃げているのではないかと。しかし、そこを突き詰めていくといったいどうなるかは自分でもわからなくて、それをもう少しはっきりさせたいと思って『羽と翼』を書きだしたわけです。

＊13 **柴田翔** 一九三五年-。小説家、ドイツ文学者。小説に『されどわれらが日々――』、『鳥の影』など。
＊14 **高橋和巳** 一九三一-七一年。小説家、中国文学者。小説に『悲の器』、『邪宗門』など。

『五月巡歴』
（河出書房新社、一九七七年／河出文庫、八二年／講談社文芸文庫、九七年）

『羽根と翼』
（講談社、二〇〇〇年）

ただ、やはり上手い具合に、それが展開できたとは思っていません。けれども、そのテーマがずっと続いて、いまでもあるんだということだけは少なくとも確認したくて書いた、ということです。それは解決とかではなく、生きる上での重要な柱の一つとしてどんとあるんだ、と。それをどうすればいいか、いま、ますますわからなくなってきている。しかし、諦めないで考え続けていかなければいけないだろうと思っています。永遠なる宿題ではないかな。そのことを忘れるとか、無視するとかだけはしたくないと思っています。

質疑応答3　政治と文学の関係

――芥川賞選考委員会の経験の話で、近年、文学というものが変質しているという指摘がありましたが、そのことと人々の政治との関わりの変化が何か関係しているのか、その辺りをお尋ねしたいと思います。

黒井　「政治と文学」、これもものすごく問題ですね。僕は学生時代から「新日本文学会」[*15]というものに、友達と一緒に出入りしていました。当時、中野重治[*16]とか花田清輝[*17]とか、そういう人たちが中心になってやっていた、戦後初めてできた文学者の団体です。その新日本文学会のなかでつねに問題になり続けたのが政治と文学の関係で、この場合の政治とは日本共産党です。それについて非常に多くの人が発言したし、悩んだり苦しんだりして、安部公房、[*18]野間宏、佐多稲子[*19]といった作家たちもいろんな格好で関わっていました。

けれども、どういうことになったのかはついにわからない。全体の感じとしては、とにかく政治と文学との関係において、「政治が大事だから、文学はそれに従属しなければいけない」とは言えない、そんなものではないと主張していた。そうなると、ではいったいどういうことが考えられるかとなるんですが、これは簡単には言えないですね。一筋縄で行けるような問題ではない。

本来、その問題はいろいろな格好で出てきていて、これは日本だけではなく、中国でもそうです。むしろ中国の方がもっと重たい問題なのだろうと思います。ある一つの答えが簡単に出るわけではなくて、やはり抱えていかなければいけない。いまのところ、上手い具合の答えは自分のなかにありません。ただ、そういう問題がなくなることはなく、いつも頭のどこかにしまっておかなければいけないと思っています。

＊15　**新日本文学会**　一九四五年から二〇〇五年まで存続した、日本の文学者の団体。雑誌『新日本文学』を発行し、それに黒井氏も寄稿している。
＊16　**中野重治**　一九〇二‐七九年。小説家、詩人、評論家。小説に『歌のわかれ』、『むらぎも』など。
＊17　**花田清輝**　一九〇九‐七四年。評論家。評論に『復興期の精神』、『アヴァンギャルド芸術』など。
＊18　**安部公房**　一九二四‐九三年。小説家、劇作家、演出家。小説に『砂の女』、『密会』など。
＊19　**佐多稲子**　一九〇四‐九八年。小説家。小説に『キャラメル工場から』、『夏の栞』など。

阿部　例えば『春の道標』では、政治的な活動とお父様のことが微妙にかするところがありますね。正面から政治を語るのは難しいと思うのですが、これからお父様のことを書いていかれるなかで、そうした政治の話題がまた出てくる可能性はありますか。

黒井　いま、『群像』で続けている連作では、父親のことをぜひ書きたくて始めたものですから、これはやはりしっかりと書かないとまずいだろうと思っています。『春の道標』では、父親が検事であることしか書いてないのですが、いまの連作では、その検事がある時期、思想検事という仕事についたことも書いています。そして、その思想検事として残した仕事と、そのときの父親の持っていた思想あるいは考え方が、どこか少し違うのではないか、という気がしているのです。

父親がどういうことを考えていたのか。まず転向の問題を追及していくと、家族の問題にぶつかる。つまり転向の主なモチーフとしては家族の問題が非常に大きい。血のつながりが強く幅広くある。この一種の家族主義があって、それが日本の天皇制というものとつながる。だから、その辺をしっかり考えなければいかん、と。こういうことが、父親が残した報告書から少しずつ見えてきた。なので、そこまでは書きかけたんですけどね。そこから先が、たいへんなんですね。

これからの展開として、その主人公の父親は、もう病に倒れて入院したり退院したりしているけれども、小説のなかでは殺さないで、ひくひくでもいいから生きてもらって、訳わからんことを言ったり変なことをしたりするのに、残された息子が付き合うというのが一つ。それから、そうやって戦争中を生きてきた人間の戦後のアメリカとの関係はいったいどういうものだったのかというのがもう一つ。そこは書きたいんです。また、たいへんになってしまいそうで、それこそ自分が生きている間には間に合わないかもしれませんが、できるところまで行って、ここまでしか書けなかったとなれば、もうそれでいいのではないかという感じで、いまは続けようと思っています。

質疑応答4　言葉があるから初めてわかる

――大づかみな質問になってしまいますが、そもそも文学という方法を選択されていることについてどのようにお考えでしょうか。今日、テーマや問題意識をどういうモチーフで描き出せるのかをめぐって話があったと思うのですが、その時代や場所のなかで生身の人間が生きていくことのある種どうしようもなさを、黒井さんはご自身の年齢とも重ねるような形で展開してこられたのだと思いました。

一方で、黒井さんが生きてこられた時代には、ラジオ、映画、テレビ、週刊誌、コンピュータというような媒体があって、そのなかでテーマや問題意識を表現するために文学という手段を使うことに、どういう必然性があったのかを伺ってみたいと思いました。

黒井　それも簡単には言えませんが、言葉というものが表現を考えるときの中心になっているると思うのですね。世の中は急激に変わってきたから、僕なんかいまの電子機器を全く使えません。電話、ファクスは使うけれど、それからあとのメールだとか、ツイッターだとかは全くわからない。でも、そういうものがないときに生きてきた人間に体験として積もっているのは、僕の場合はやはり言葉によって表現することです。実際には、自然発生的に何か書きたいから書くということでしかないわけですけれども。

ただ、表現する媒体がどういうものかとは別に、言葉というのは便利な道具ではないと思うんですよ。何かを伝えるという意味では確かに必要なものではあるけれど、言葉というのはそこで終わるものではなくて、簡単につかむことのできないぐらい非常に広く深い文化的な歴史のなかで出てきたものです。それが今日の大きく変わってしまった世の中にぶつかって、いろんな現象を起こしながら進んでいくという格好になっている。言葉は便利な道具ではない。何かこういうことを言いたいから、それを言葉で言うというのではなくて、よくわからないけれどもわからぬままに出てきてしまう言葉によって、初めて見えてくるものがあり、わかってくるものがある。

ですから僕にとっては、言葉は必然的で、最高の表現手段としてあるわけですけれども、それは一人の個人にとってどうかということを超えた、もっと大きな問題です。言葉が持っている力というか働きというか、そういうものとの関係をしっかりとつけていくことは大事なのではないでしょうか。

阿部　黒井さんの言葉というのは、新書でもエッセイでも小説でも、非常に理路整然として明晰であると思うのです。にもかかわらず、読んでいけばいくほどわからないものが出てくる。言葉そのものの明晰さとは裏腹に、世界がどんどんわからないものとして立ち現れてくるような書き方をされているという印象を私は持っています。

黒井　いささか比喩的に言えば、何かがあるから言葉がそのように転がっていき、広がっていくのではなくて、逆に言葉があるから初めてわかってくることや見えてくるものがあると思う。言いたいことがあるから言葉で言うのではなくて、言葉が走ってしまうのを追っかけていくうちに、言いたいことが少しずつわかってくるところがあるのではないか。

つまり、それは言葉によって教えられることなのだと思います。自分が放った言葉によって、逆に与えられるものがある。「ああ、そういうことだったのか」と気がつくことがある、そういう面白さが、書くことの底にはあるのではないかと思います。

質疑応答5　家というテーマ

――黒井さんの小説を読んでいると、家の話がとても多くて、それは単なる住んでいる場所というだけではなくて、建物のことや家庭のことであったりする。『群棲』や『一日夢の柵』のなかの「影の家」などでも、最初に家についてかなり書き込まれている。今日の話に照らすと、家というものが時間と空間の交差点のようにも思えて、だから家について多くを書かれているのかな、と。黒井さんのなかで、家は特別なテーマなのでしょうか。

黒井　そうですね。家は人間関係ということで言えば、おそらく家族になると思いますけれども、その家族が生活している空間として家があって、その家はやはり時間のなかでだんだんと変わってくる。そういうこともあって、家はとても面白いもので、大事なものだと思います。

僕が住んでいる家の道を隔てた反対側の家が、あるとき壊されて空き地になったんです。家を壊すというのは、本当にあっという間の作業なんですね。建てるときに比べたら、もう何十分の一かの時間で家はなくなって、がらんとした空間になってしまう。それを見ていて、人が家に住んでいるというのは、いったいどういう意味があることなのだろう、と。あまりに簡単に、風のなかを紙くずが吹かれて飛んでいくみたいに家が解体されてしまったのを見て、家をそんなふうにしかとらえられないとしたら、これはつまらないのではないかと思いました。家とはもう少し違うものなのだという気持ちは、自分のなかにつねにありますね。

僕はマンションに住んだことがないので、それがどういうものかよくわからないけれども、いまみたいにマンションが非常に多くなってくると、また違った見方が必要になってくるのでしょう。そこでは、昔の独立した一戸建ての家が持っていたのとは違う側面が出てくる。人が住んで、生きていくという意味から言えば、やはりそういう空間があるわけだから、それは新しい時代のあり方として見ていかなければいけないだろうと思います。

（二〇一七年三月八日、東京大学本郷キャンパス 法文一号館にて収録）

＊インタヴュー動画は、次のウェブサイトよりご覧いただけます（一部有料）。
［飯田橋文学会サイト］
http://iibungaku.com/movies/10.php
［noteの飯田橋文学会サイト］
https://note.mu/iibungaku/n/n0a82e0d166dd

関連年譜

一九三二年（〇歳）　五月二八日、東京都豊多摩群杉並町大字高円寺（現・杉並区高円寺）に生まれる。本名、長部舜二郎。父、謹吾は当時、東京区裁判所兼地方刑事裁判所検事。後、最高裁判所判事を経て弁護士に。母、靖子との間の次男。

一九三九年（七歳）　四月、豊島区立高田第五小学校に入学。

一九四五年（一三歳）　四月、東京都立武蔵ヶ丘中学校に入学。六月、都下小金井に移転し都立第十中学校に転校。

一九四八年（一六歳）　この頃より学校の友人達と作った同人誌『ひとで』に小説の習作を載せる。

一九四九年（一七歳）　四月、『蛍雪時代』学生懸賞小説に応募した「歩道」が二等、初めて小説が活字になる。

一九五〇年（一八歳）　三月、都立西高校（都立第十高校（旧都立第十中学校）が改称）を卒業。四月、東京大学教養学部文化一類に入学。大学では民主主義文学研究会に所属。

一九五二年（二〇歳）　皇居前広場におけるメーデーに参加（メーデー事件）。

一九五三年（二一歳）　四月、経済学部経済学科に進む。

一九五五年（二三歳）　三月、東京大学を卒業。四月、富士重工業株式会社に入社。群馬県伊勢崎製作所勤務となり、寮生活。

一九五八年（二六歳）　黒井千次のペンネームで「青い工場」を『新日本文学』に発表。以後同誌を主な舞台として、工場や企業内部での労働に違和感を抱く人物を描いた小説を多数発表していく。「メカニズムNO．1」を『文學界』に発表、文芸誌に載った最初の作品となる。

一九五九年（二七歳） 富士重工業本社への転勤により帰京。

一九六一年（二九歳） 結婚。

一九六八年（三六歳） 「聖産業週間」を『文芸』に、「穴と空」を同人誌『層』に発表。「穴と空」は芥川賞候補となる。以後、五回連続して作品が候補に選ばれる。

一九六九年（三七歳） 一九五二年の「メーデー事件」に関わった人々のその後を描いた「時間」を『文芸』に発表、芥川賞候補となる。第一作品集『時間』（河出書房新社）を刊行。「ネネネが来る」を『月刊ペン』に発表。

一九七〇年（三八歳） 『時の鎖』（新潮社）を刊行。富士重工業（最後は宣伝部に所属）を退社。以後文筆生活に入る。「時間」によって第二〇回芸術選奨文学部門新人賞を受賞。この頃より、家族を主題とする小説が多くなる。

一九七一年（三九歳） この年より、古井由吉・後藤明生・阿部昭・坂上弘らとともに「内向の世代」と呼ばれるようになる。

一九七七年（四五歳） 『五月巡歴』（河出書房新社）を書下ろしで刊行。「時間」に続き、メーデー事件のその後を扱った作品となる。『禁域』（新潮社）。

一九八〇年（四八歳） 日本文芸家協会訪ソ作家団に加わってソビエト連邦を訪れる。「春の道標」を『新潮』に発表。

一九八一年（四九歳） 『春の道標』（新潮社）。連作小説「群棲」にまとめられる小説を『群像』に発表し始める。

一九八二年（五〇歳） 体験的エッセイ『働くということ』（講談社現代新書）。

一九八三年（五一歳） 日中文化交流協会の訪中作家代表団に加わって中国を訪れる。

一九八四年（五二歳） 『群棲』（講談社）を刊行、第二〇回谷崎潤一郎賞を受賞。ショート・ショート集『星からの1通話』（講談社）。

一九八七年（五五歳） 外務省派遣の文化使節団に加わり東欧四カ国を訪問。この年上半期より芥川賞選考委員となる（―二〇一一年下半期）。

一九八八年（五六歳） 『たまらん坂』（福武書店）。

一九八九年（五七歳） 『黄金の樹』（新潮社）より刊行、『禁域』『春の道標』に続く自伝的小説となる。

一九九四年（六二歳） 『カーテンコール』（講談社）を書き下ろしで刊行、第四六回読売文学賞を受賞。

一九九六年（六四歳） 「夢の柵」を『文學界』に発表。

二〇〇〇年（六八歳） 「羽と翼」を『群像』に発表。第五六回日本芸術院賞を受賞。『羽と翼』（講談社）。日本芸術院会員となる。

二〇〇一年（六九歳） 『羽と翼』により、第四二回毎日芸術賞を受賞。

二〇〇二年（七〇歳） 武蔵野女子大学（のち武蔵野大学と改称）客員教授となる（―〇八年）日本文芸家協会理事長に就任。

二〇〇四年（七二歳） 「一日」を『文學界』に発表。日本文芸家協会理事長に再選（―〇六年）、作品の二次使用に関する著作権保護運動に尽力する。

二〇〇六年（七四歳） 『一日　夢の柵』（講談社）を刊行、第五九回野間文芸賞を受賞。『老いるということ』（日本放送出版協会、増補して講談社現代新書）。

二〇〇八年（七六歳）　旭日中綬章を受章。

二〇一〇年（七八歳）　『高く手を振る日』（新潮社）。「老いのかたち」（中公新書）。

二〇一二年（八〇歳）　連作「流砂」を『群像』で開始。

二〇一四年（八二歳）　日本芸術院長、日本中国文化交流協会会長に就任。文化功労者。

二〇一五年（八三歳）　『老いへの歩み』（河出書房新社）。

著作目録

単行本

『時間』河出書房新社、一九六九年／講談社文芸文庫

『時の鎖』新潮社、一九七〇年／集英社文庫

『見知らぬ家路』文藝春秋、一九七〇年

『走る家族』河出書房新社、一九七一年／集英社文庫

『メカニズムＮｏ．１』三笠書房、一九七一年

『仮構と日常』河出書房新社、一九七一年

『失うべき日』集英社、一九七二年／角川文庫

『夢のいた場所』文藝春秋、一九七三年

『彼と僕と非現実』講談社、一九七三年

『夜のぬいぐるみ』冬樹社、一九七三年
『昼の目と夜の耳』潮出版社、一九七四年
『風の絵本』講談社、一九七四年／講談社文庫
『風の中の紙飛行機』大和書房、一九七四年
『歩行する手』平凡社、一九七五年
『眼の中の町』河出書房新社、一九七五年
『五月巡歴』河出書房新社、一九七七年／河出文庫／講談社文芸文庫
『美しき繭』北洋社、一九七七年
『小説家の時計』構想社、一九七七年
『禁域』新潮社、一九七七年
『家兎』講談社、一九七八年
『家族展覧会』（戯曲）集英社、一九七九年
『冬の手紙』中央公論社、一九八〇年
『任意の一点』弥生書房、一九八〇年
『春の道標』新潮社、一九八一年／新潮文庫／小学館P＋D BOOKS
『父たちの言い分』新潮社、一九八一年
『記録を記録する』福武書店、一九八二年
『働くということ』講談社現代新書、一九八二年
『群棲』講談社、一九八四年／講談社文芸文庫

黒井千次

『隠れ鬼』新潮社、一九八四年
『永遠なる子供エゴン・シーレ』河出書房新社、一九八四年／新装版、河出書房新社
『星からの1通話』講談社、一九八四年／講談社文庫
『草の中の金の皿』花曜社、一九八五年
『空の地図 創作論ノート』筑摩書房、一九八五年
『石の落葉 読書論ノート』筑摩書房、一九八六年
『五十代の落書き』講談社、一九八六年
『北向きの窓から』朝日新聞社、一九八七年
『眠れる霧に』文藝春秋、一九八七年
『風の履く靴』新潮社、一九八八年
『たまらん坂』福武書店、一九八八年／講談社文芸文庫
『穴と空』成瀬書房、一九八八年
『銀座物語』文藝春秋、一九八九年
『黄金の樹』新潮社、一九八九年
『指・涙・音』講談社、一九八九年
『捨てられない日』読売新聞社、一九九二年
『自画像との対話』文藝春秋、一九九二年
『K氏の秘密』新潮社、一九九三年
『カーテンコール』講談社、一九九四年／講談社文庫

『噓吐き』新潮社、一九九五年
『老いの時間の密度』角川書店、一九九五年
『夜更けの風呂場』弥生書房、一九九六年
『戯曲の窓・小説の扉』白水社、一九九六年
『珈琲記』紀伊國屋書店、一九九七年
『夢時計』上・下、講談社、一九九七年
『羽根と翼』講談社、二〇〇〇年
『横断歩道』潮出版社、二〇〇二年
『日の砦』講談社、二〇〇四年／講談社文庫
『石の話　黒井千次自選短篇集』講談社文芸文庫、二〇〇四年
『一日　夢の柵』講談社、二〇〇六年／講談社文芸文庫
『老いるということ』日本放送出版協会、二〇〇六年／増補、講談社現代新書
『高く手を振る日』新潮社、二〇一〇年
『老いのかたち』中公新書、二〇一〇年
『時代の果実』河出書房新社、二〇一〇年
『老いのつぶやき』河出書房新社、二〇一二年
『漂う 古い土地新しい場所』毎日新聞社、二〇一三年
『生きるということ』河出書房新社、二〇一三年
『老いの味わい』中公新書、二〇一四年

『老いへの歩み』河出書房新社、二〇一五年

＊原則として単独著を示す。編者、共著、対談などは割愛した。
＊著作は、『書名』出版社、出版年／最新の文庫などを示す。
＊講談社文芸文庫などを参考にした。

（作成・編集部）

インタヴューを終えて――空間の革命性とは？

はじめて黒井千次さんの作品を手に取ったのは大学の学部生の頃だった。ちょうど講談社文芸文庫が創刊されたばかりで、黒井さんの『群棲』はその最初のラインナップに入っていた。

中学高校では漱石、志賀、太宰といった作家は教科書などで古典的作家として出会う機会も多いが、活躍中の現代作家となると、なかなかどの作品を読めばいいのかわからない。そういう意味で文芸文庫は作品の選択にしても詳細な作家紹介にしても、〝生きる古典〟への入り口としてとてもありがたかった。他の文庫よりちょっと高級感のあるこの版で『群棲』のページを繰ったときの、手触りや匂いの新鮮さは今でもおぼえている。

『群棲』は不思議な作品だった。何とも言えない圧迫感というか、ミステリアスな緊張が感じられる一方、連作形式の中に描かれるのはどこにでもありそうな日常風景。人物もごく平凡な人たちだ。性別や年齢はばらばら。ちょっとした人間関係のほつれや陰が、斜めからの視線で、しかし、思いがけない鋭さとともにとらえられている。しかし、ドラマが最後まで追われることはなく、宙づり感もあった。そのせいなのかどうか、文芸文庫の肌触りとともに小説世界の凹凸感がやけに記憶に残っている。まるで直接、身体の一部で触れたかのような読書体験だった。自分はどのようにしてこの小説世界に引きこまれたのか、読んだ当初も、その後時間がたっても、うまく説明できなかった。その答が著者本人から聞けるかもしれない、と私は期待した。

今回、自身のキャリアを代表する「三冊」として黒井さんが選んだのは、『時間』（一九六九）、『群棲』（一九八四）、『一日　夢の柵』（二〇〇六）だった。十年から二十年単位で間がおかれている。選んだ意図は明白だろう。作家の各時期を代表する作品になっている。『時間』に収められた作品はどれもとがったところのある斬新な設定で、六〇年代の空気を感じさせるような観念性が強い。作家の若々しい清新さを感じる。対して『一日　夢の柵』には、穏やかなユーモアと、世界に対する寛容さがある。筆に力みがない。でも、弛緩しているわけでもない。ところどころではっとするような表現に出会う。ベテラン作家の巧みさを見せつける一冊だ。

では、『群棲』はどうか。インタヴューの中で黒井さんはこの作品の背景にあったものを次のように説明した。

小説というのは、放っておくと限りなく時間に傾いていくという感じがあるんです。時の経過とともにいろいろなものが変わっていく、（中略）しかし他方で、空間というものが意識された小説もあっていいはずなのですが、こちらはあまりないのではないか。そんなことをしきりに考えていた時期がありましてね。（153）

「時間」に対して「空間」を対置させようとした、という。さらに黒井さんはおもしろい表現を使った。「空間というのは時間に対して一種の革命性みたいなものを持っているのではないか」（153）と。「革命性とは何ですか？」と私は訊いた。

黒井　時間というのは、放っておくと限りなく湿ってくるでしょう？　例えば、先祖であるとか親子であるとか、そういうつながりは何か湿ってくる。

阿部　情緒的になってくる？

黒井　そう。それに対して、空間というのは違う。赤の他人が隣同士でいるわけですからね。

阿部　なるほど。

黒井　たまたま偶然に、その空間で一緒に生きている。そこが面白いんじゃないかと思って、それで自然に連作という格好になった。（155）

時間が「放っておくと限りなく湿ってくる」という表現に、なるほどと私は思った。たしかに『群棲』はそうした物語特有の情緒性に抗うようにして書かれている。ただし、完全に時間をせき止めたり、時間の流れから脱線したりするのではない。ただ、「空間」を介してのび広がったりつながったりするような力が――つまり、たまたまそこに隣り合わせているという「偶然」の力が――時間と拮抗しているのである。それは人間関係をとことん煮詰めたような時間的な物語とはちがって、間接的で、ドライで、怜悧だ。そこからとても新しい、そして不思議な小説世界が生まれた。

黒井さんは一つ一つの言葉を慎重に選んで語った。まるで一語一語、脳中の言葉の配列をしっかり確認するような鋭い眼光が印象的だった。はったりや、あいまいさで煙に巻くことはない。違うと思うことは訂正する。聡明で正確。それでいて文学者ならではの、人間の見えない部分、暗い部分をも見逃さずにとらえる感性を持っている。希有な作家だ。

阿部公彦✷

Abe Masahiko

プロフィールは巻末「編者紹介」を参照。

編者紹介

阿部公彦

Abe
Masahiko

✷

一九六六年、神奈川県生まれ。東京大学文学部卒。同修士を経て、ケンブリッジ大学でPh. D.取得。二〇〇一年から東京大学大学院人文社会系研究科・文学部准教授。専門は英米文学。一九九八年「荒れ野に行く」で早稲田文学新人賞、二〇一三年『文学を〈凝視〉する』でサントリー学芸賞を受賞。著書に『英詩のわかり方』『小説的思考のススメ』『詩的思考のめざめ』『英語的思考を読む』『善意と悪意の英文学史』『名作をいじる』『史上最悪の英語政策』など、訳書に『フランク・オコナー短篇集』、バーナード・マラマッド『魔法の樽 他十二篇』などがある。

飯田橋文学会

Iidabashi
Literary Club

✷

国内外で活躍する作家、翻訳者、文学研究者などが集い、古今東西の作品のみならず、お互いの書いたものについても意見を述べ合う場として、二〇一三年四月に発足。文学の楽しみをより多くの人と分かち合うとともに、新しい、開かれた文学の交流の場となることをめざす。現在約二十名のメンバーで構成。ウェブサイト iibungaku.com

インタヴュー・シリーズ〈現代作家アーカイヴ〉主催　飯田橋文学会
UTCP（東京大学大学院総合文化研究科附属 共生のための国際哲学研究センター
上廣共生哲学寄付研究部門）
東京大学附属図書館
映像制作・写真　株式会社サウンズグッドカンパニー
船山浩平・松野大祐
写真　川合穂波
書籍編集　一般財団法人 東京大学出版会
小暮 明
書籍編集協力　田中順子
ブックデザイン　アルビレオ
林京子氏写真　神奈川新聞社

現代作家アーカイヴ3
自身の創作活動を語る

2018年 2月22日 初 版

［検印廃止］

著 者 島田雅彦 林 京子 黒井千次
編 者 阿部公彦 飯田橋文学会

発行所 一般財団法人 東京大学出版会
代表者 吉見俊哉
153-0041 東京都目黒区駒場4-5-29
http://www.utp.or.jp/
電話 03-6407-1069 Fax 03-6407-1991
振替 00160-6-59964

組 版 有限会社プログレス
印刷所 株式会社ヒライ
製本所 牧製本印刷株式会社

ISBN 978-4-13-083074-4 Printed in Japan